1 MONTH OF
FREE
READING

at
www.ForgottenBooks.com

By purchasing this book you are eligible for one month membership to ForgottenBooks.com, giving you unlimited access to our entire collection of over 700,000 titles via our web site and mobile apps.

To claim your free month visit:
www.forgottenbooks.com/free704864

ISBN 978-0-267-49192-6
PIBN 10704864

This book is a reproduction of an important historical work. Forgotten Books uses
state-of-the-art technology to digitally reconstruct the work, preserving the original format
whilst repairing imperfections present in the aged copy. In rare cases, an imperfection in
the original, such as a blemish or missing page, may be replicated in our edition. We do,
however, repair the vast majority of imperfections successfully; any imperfections that
remain are intentionally left to preserve the state of such historical works.

Sr· Dr. D. TOMAS LAMA,

VOCAL DE LA EXCMA. CORTE SUPREMA DE JUSTICIA.

Querido tío y padrino:

Os ofrezco este modesto estudio his-
tórico que, exento de todo otro valor,
no tiene de meritorio, sino el senti-
miento que lo ha inspirado y la ver-
dad contenida en sus páginas.

Esta dedicatoria, más que expre-
sión de afecto, es obra de justicia:
fuísteis, vos, el que entusiasta me su-
girió la idea de emprender este tra-
bajo, que es solo el resultado de vues-
tra iniciativa patriótica y laudable.

BENJAMIN LAMA.

PROLOGO

La verdad seca, severa, sin afiligranada galanura de forma ni estudiados floreos de retóri-
ca, propios del romance y de la tradición, ejer-
ce, sobre el ánimo de la gente séria y pensado-
ra, ascendiente á que no alcanzan las producciones puramente imaginativas.

El literato encontrará en el libro REMINIS-
CENCIAS, que á la mano tengo sobre mi mesa
de labor, poco que hable á su fantasía; y perde-
rá lastimosamente su tiempo la crítica *chirigo-
tera*, canallesca y difamadora, que alquitara la
propiedad de los vocablos por el escritor empleados.

El libro en que me ocupo no es la obra del
artista sino del patriota, y ya se sabe que el patriotismo es austero y ajeno á refinamientos de
arte. Este libro no tiene por objeto deleitar
con brillantez palabrera, sino servir á fines é

intereses muy levantados, como los que al decoro de la pátria atañen.

Pagando tributo á su juventud y á su época, el inteligente y modesto escritor D. Benjamín Lama se ha entregado á la *ociosidad laboriosa*, que decía un personaje de Goethe al hablar de la gente de letras, empleando su talento en obra trascendental como la de refutar con altura y en culta frase, libre de injuria para sus adversarios, un cargo que apasionados periodistas del Ecuador, ya por ceguedad de *patrioterismo*, ya por ignorancia ú olvido de los hechos históricos, ó ya por maligno é interesado móvil, han pretendido hacer pesar sobre el Perú y los peruanos.

Sostuvo una parte, que no toda, de la prensa vecina, que en la magna epopeya de la Independencia contribuyeron todas las secciones del mundo latino–americano, menos la nuestra; que los peruanos nada hicimos en favor de la causa común; y que recibimos el maná de la libertad sin otra fatiga que la de abrir la boca para que nos cayera dentro. Segun ellos, si de nosotros hubiera dependido, el palacio de Pizarro aposentaría aún á los virreyes.

Bien claro, y con documentos concluyentes, prueba el señor Lama que, despues del contraste de Huachi, sin el oportuno auxilio de la división peruana al mando de Santa Cruz, los laureles de Pichincha no se habrían conquistado con solo el esfuerzo de las tropas colombianas.

Y no se diga que Lama ha bebido en desautorizadas ó sospechosas fuentes. El ilustre historiador ecuatoriano Cevallos; y el no menos verídico historiador colombiano General Lopez, no pueden ser tildados de parciales ó inclinados al Perú. De sentir es que el señor Lama no hubiera consultado los treinta volúmenes de las *Memorias* de O'Leary y el tercer tomo del *San Martín* de Mitre, libros en los que habría encontrado abundancia de documentos que vigorizaran más, si cabe, su juiciosa é irrefutable argumentación.

Lama no es de los que se ciegan mirando al sol, hasta el punto de no descubrir manchas en él, ni de los que se contagian con el entusiasmo ajeno. Antes de colocar un ídolo sobre el altar y de convertirse en turiferario, investiga, compulsa, aquilata, para decidir si el ídolo merece el ara y el incienso. Nunca hemos negado la grandeza y el genio de Bolivar; no lo hemos discutido siquiera, como Roma discute hoy la santidad de Colón; pero como hasta los dioses del paganismo tenían pasiones y pequeñeces de hombre, el gran Capitán de Colombia no estuvo exento de ellas. ¡Quién sabe si las grandes faltas son peculiares á los grandes hombres, y complementarias de toda altísima personalidad! ¡Quién sabe si lo ilimitado de la ambición es característico del genio!

Como alguna vez lo hemos sostenido, Bolívar fué ante todo colombiano, y á esa idiosincracia del Libertador responde la anexión expoliatoria de Guayaquil á Colombia.

El autor de las REMINISCENCIAS HISTÓRICAS no se ha dejado arrastrar por la corriente de genial tolerancia, que ve siempre los méritos reflejados en cristales convexos, y los desaciertos en espejos cóncavos. Por eso sintetiza así su fundado juicio sobre lo arbitrario del despojo que se nos hizo, desatendiendo la voluntad popular é imponiendo la caprichosa voluntad del hombre que, para hacerla imperar, se apoyaba en la fuerza de las bayonetas.—"En la grandeza de " Bolívar (concluye Lama) no puede explicar- " se el atropello sino como una arbitrariedad " militar, cometida en una de esas exaltacio- " nes del espíritu, propias de nuestra débil na- " turaleza, y de las que no es dado sustraerse á

' los hombres excepcionales, á los héroes, ni á
' los santos mismos."

Yo tendré siempre, en la pluma, una palabra
e aliento para la juventud que, con amor al
estudio, patriotismo y entusiasmo, se consagra
á las disquisiciones históricas, y esa palabra de
aliento es la que, en estas brevísimas líneas, me
complazco en tributar á la clara inteligencia y
á la sanidad de propósitos del joven escritor D.
Benjamín Lama.

Lima, Julio 31 de 1894.

RICARDO PALMA.

Lima.

CAPITULO I

I

La completa emancipación de la América latina, que por espacio de tres siglos gimió esclava bajo el yugo de España, podía considerarse como una quimera mientras el poder de la metrópoli subsistiese en alguna de las comarcas de su territorio vastísimo.

Y este argumento de suyo inconmovible, recrece, si se aduce refiriéndonos á los años de 1821 ó 1822, en que derribado el órden de cosas que estableciera en Europa el ilustre vencido de Waterloo y libre la España de la dominación francesa, se hallaba en condiciones de enviar á estas tierras algunas de esas tropas que, en Bailen, Zaragoza y cien combates, domaron la pujanza de las soberbias águilas imperiales, cometiéndolas con el encargo de remos hecho lo mismo por ellos, es porque hemos hecho mucho más.

No hubiéramos querido emprender este trabajo histórico porque, en verdad, es bien difícil resumir en unas cuantas columnas de un diario todo un período de la vida de un pueblo que no es el propio.

Pero un caballero—*para quien nuestro cariño y respeto no conocen límite*—nos comprometió á hacerlo, sintiendo su patrotismo motivada y hondamente herido por las injusticias é inconsecuencias de los articulistas, hijos de la patria de García Moreno.

No tememos y al contrario invitamos á cuantos nos lean para que objeten ó contradigan la veracidad de estas líneas.

Seguros estamos de que no incurriremos en ninguna inexactitud, pues aparte de haber bebido en las más puras fuentes, hacen imposible una falsedad, el respeto que nos merece el ilustre anciano á quien dedicamos estos modestos artículos, nuestros naturales hábitos y convicciones y ese purísimo fulgor que irradia la página gloriosa que el General Santa Cruz, al mando de una división peruana, escribiera con su espada en la historia del Ecuador.

II

El 20 Julio de 1808, José Bonaparte ceñía á sus sienes la corona de España y tomaba el título de Rey de esta valerosa nación.

El ejército francés ocupaba una parte de la península; mas á pesar de las crueldades que ponía en práctica, fué impotente para contener el creciente impulso de la indignación nacional, que al fin estalló como preñada nube.

Todas las provincias no ocupadas por el invasor, aprontáronse como un solo hombre para defender hasta con el último aliento el suelo de la patria, y para subvenir mejor á las necesidades de la resistencia, organizáronse "*Juntas Provinciales*" y después "*Supremas,*" que si como las de Aragón, Asturias, Andalucía y otras, no fueron al principio reconocidas en todo el reino, alcanzaron después, con el establecimiento de la "*Junta Central*" una existencia legal y permanente.

Comenzó así esta lucha mil veces heróica de un pueblo que, con bizarría sin igual y constancia indomable, defendió su independencia y autonomía holladas por un déspota extranjero, á cuyas huestes aguerridas y vencedoras de toda la Europa destrosó animoso y sin más armas que su patriotismo, en numerosos combates dignos de figurar entre las mas bellas acciones de los buenos tiempos de Grecia y Roma.

III

Estos sucesos ocurrían en la Metrópoli cuando los patriotas de Quito, que desde hacía tiempo buscaban el medio y aún emprendieron tentativas para proclamar la independencia de su patria, supieron, por el arribo á Cartagena

del marino español D. José Sanllorente, C
misionado de la Junta de Sevilla, los asesinatos
del 2 de Mayo, el armisticio con la Gran Bre-
taña, la victoria de Bailén, la capitulación de
Dupont y el establecimiento de las Juntas españolas.

La oportunidad no era de desperdiciarse; tomando como pretexto la usurpación de Bonaparte y las desgracias de la madre patria, podían
protestar de semejantes atentados y organizar
una Junta á semejanza de las de las provincias
españolas, con cuyo gobierno se proveerían de
un ejército, para conquistar después su autonomía é independencia.

Así lo hicieron, y en la noche del 9 de Agosto de 1809, reuniéronse en la casa de la señora
Manuela Canizares, mujer de espíritu varonil
y resuelto, D. Pedro Montúfar, hermano del
Marqués de este nombre, el cuzqueño D. Manuel Quiroga, ese héroe cristiano que vilmente
asesinado en la *San Bartelemy* que tuvo lu-gar
en Quito el 2 de Agosto de 1810, murió en los
brazos de sus hijas vivando la religión, los señores Morales, Checa, Ascasubi, Riofrío, Co-
rrea,·Arenas, Vélez, Salinas, Jefe militar de la
plaza, el Dr. Ante, encargado de poner en manos del Presidente, conde Ruíz de Castilla, el
oficio en que se le comunicaba su destitución
y otros muchos personajes de dinero é importancia social, los cuales redactaron el acta de
emancipación acordando el plan revolucionario
que en el trascurso de esa noche y al día siguiente, se ejecutó sin tropiezos y de la manera
que pasamos á relatar.

IV

Encómendose á Salinas que sedujese las fuerzas de su mando, lo que este consiguió con la ayuda de algunos oficiales subalternos comprometidos de antemano en la conspiración.

Salinas y sus compañeros arengaron á las tropas hablándoles de la cautividad de su amado rey Fernando é induciéndolas á revelarse contra el Gobierno ilegal de España y contra las autoridades que éste mantenía ilegalmente en los dominios que había usurpado.

Al rayar el alba el Dr. Ante se presentó en palacio manifestando vivísimos deseos de hablar al momento al Presidente.

Aunque disgustado el Conde Ruiz de Castilla por una visita que le privaba del sueño en hora tan inoportuna, recibió en sus habitaciones al Dr. Ante, quien puso en sus manos el acta ú oficio que á la letra decía:

V

" *La Junta Soberana al Conde Ruiz, ex-Pesidente de Quito*—" *El actual estado de incertidumbre en que* " *está sumida la España, el total anonadamiento de* " *todas las autoridades legalmente constituidas y los* " *peligros d que están expuestas la persona y posesio-* " *nes de nuestro muy amado Fernando VII. de caer* " *bajo el poder del tirano de Europa, han determinado* " *d nuestros hermanos de la península d formar Go-* " *biernos provisionales para su seguridad personal, pa-*
2

" ra .librarse de las maquinaciones de sus pérfidos com-
" patriotas indignos del nombre español y para defen-
" derse del enemigo común. Los leales habitantes de
" Quito imitando su ejemplo y resueltos á conservar
" para su rey legítimo y soberano Señor, esta parte de
" su reino, han establecido también una JUNTA SOBE-
" RANA en esta ciudad de San Francisco de Quito, á
" cuyo nombre y por orden de S. E. el Presidente, ten-
" go á honra el comunicar a US. que han cesado las
" funciones de los miembros del antiguo Gobierno.
" Dios etc. Sala de la Junta en Quito á 10 de Agos-
" to de 1809.—Juan de Dios Morales, Secretario de
" lo interior."

VI

Indignado el Presidente con la lectura de este documento, sale en busca de un oficial que
prenda al atrevido conductor; mas encuentra
cambiada la guardia de su palacio y el jefe de la
nueva responde respetuosamente á su órden di-
ciendo: *"que no era posible obedecer á S. E."*

Ruiz de Castilla presiente entonces que la revolución estaba consumada, de lo que se per-
suade al oir los gritos y los vivas entusiastas del
pueblo estacionado ante los balcones de su palacio y las salvas de artillería, sorprendiéndole,
aún más, la noticia de su prisión decretada por
la Junta, si bien en prueba de deferente respeto, se le daba por cárcel su regia morada.

En esos momentos deteníase también al Re-
gente de la Real Audiencia Bustillos, al Ase-
sor general apellidado Manzanos, al Oidor
Merchante, al Colector de las rentas decimales,

al Administrador de correos Vergara Gaviria, á algunos militares sospechosos y á otros empleados de la administración pública.

Pero á pesar de haber comenzado bajo tan felices auspicios, corta y por demás efímera fué la vida de la "*Junta Soberana de San Francisco de Quito.*"

Los coroneles Tacón, Aymerich y Cucalón gobernadores de Popayán, Cuenca y Guayaquil, recibieron orden terminante de D. Miguel Amar y Borbón, Virrey de Santafé, de combatirla pronta y enérgicamente, para lo que el mencionado Virrey envió á Quito al Comandante Dupré con 300 fusileros.

Entre tanto la Junta desatendió la formación de un ejercito, cuando tal medida debió haber sido su primero y preferente afán y surgieron además, desavenencias entre sus miembros que descontentaron al pueblo, el cual—dicho sea de paso—no estaba aún debidamente preparado para secundar el grito de independencia.

Todas estas circunstancias dieron motivo á las transacciones que se pactaron en la capitulación que se celebró con el Presidente, Conde de Ruiz, á quien se tenía preso fuera de Quito y que regresó á esta ciudad el 25 de Octubre del mismo año 1809 en medio de los vítores y de las entusiastas aclamaciones del populacho.

El Conde Ruiz de Castilla, hombre sin honor, rencoroso, cruel é incapaz de guardar el respeto debido á la fé jurada, violó muy pronto con sus indignas represalias los términos de la capitulación que hipócritamente había prometido observar y en lo sucesivo, sólo usó de su autoridad para ejercer contra los miembros de la desgraciada Junta las venganzas más infames y cobardes.

Pasaremos sin historiarlos, pues son ajenos á la índole y á los estrechos límites de esta breve reseña, los asesinatos inauditos de que en 2 de Agosto de 1810, fueron víctimas muchos esclarecidos ciudadanos de Quito.

Es horrendo hasta el recuerdo de ese drama terrible de sangre y lágrimas......Saltamos pues sobre él para reabrir el paréntesis en 1820 y con el fausto suceso de la proclamación de la independencia en Guayaquil, pues solo á partir de esta época, comienzan á desarrollarse los acontecimientos que, andando el tiempo, originaron para el Ecuador la era venturosa de la libertad.

CAPITULO II

I

La emancipación de las provincias unidas del Rio de la Plata, la independencia de Chile, la actitud que asumieron los patriotas peruanos y la brillante victoria que en Boyacá había alcanzado el Libertador, eran acontecimientos que despertando en los americanos delirante entusiasmo por la causa de su libertad, auguraban á España la pérdida inevitable de las ricas colonias que por tres centurias habían visto tremolar ufana su real bandera.

En 1820 los patriotas de Guayaquil, á quienes hemos visto permanecer extraños al movimiento revolucionario de Quito, aguardaban impacientes una oportunidad propicia para proclamar la independeneia de su patria.

Esta se les presentó brillante con el arribo ocasional del sarjento mayor Letamendi y de los capitanes León Febres Cordero y Luis Urdaneta que, dados de baja en el Perú por sospechosos del batallón "Numancia" en que servían, regresaban á Venezuela, su país natal.

Al poco tiempo de su llegada á Guayaquil, Letamendi y sus compañeros pusiéronse de acuerdo con el comandante Gregorio Escobedo, segundo jefe del "*Granaderos*," con los caciques Alvarez y Farfán, naturales del Çuzco, y oficiales de este batallón al cual se ganaron por completo, con algunos militares de la Artillería y demás cuerpos de la plaza y con muchos jóvenes distinguidos de la ciudad.

Los revolucionarios acordaron obrar sin pérdida de momento, y á la cabeza del complot pusieron al comandante Bejarano. Este caballero negóse á dirigirlos, alegando como impedimento, los achaques de su avanzada edad; más coincidiendo en ideas, aconsejó á los valientes jóvenes que no cejasen un punto en su empresa.

La negativa de Bejarano fué causa de que se encomendase la gerencia de las cosas al cantor inmortal de Junín, Dr. José Joaquín Olmedo, personaje que al rehusar la honrosa confianza que en él se depositaba dijo á los comisionados de proponérsela: "*puede contarse conmigo para todo, mas no para caudillo de revolución; porque ésto es para un militar y militar de arrojo.*"

No era, por cierto, de las más halagadoras la situación de los resueltos patriotas abandonados á su propia suerte sin encontrar una persona entendida, valerosa y sagaz que dirigiese sus pasos en el intrincado laberinto de la conspiración.

Ellos corrían riesgo muy grande de pagar con sus cabezas los nobles esfuerzos que hacían por la santa libertad del suelo que los vió nacer; mas animados por ese vigor irresistible que nos infunde el patriotismo, resolvieron obrar por sí mismos, asumiendo tranquilos las responsabilidades que resultar pudieran de sus propios actos.

Entre tanto, el Gobernador de Guayaquil; D. José Pascual de Vivero, tuvo denuncia ó sospechas á cerca de la sedición que se fraguaba y reunió un consejo de guerra para descubrir á los culpables.

Este consejo no pudo sacar nada en limpio de sus averiguaciones y entonces el Gobernador se limitó á ordenar que se redoblase la vigilancia en los cuarteles y que la flotilla que guarnecía el puerto, compuesta de siete lanchas cañoneras tripuladas por 350 hombres, fuera á situarse en la *Puntilla*, lugar algo lejano de la ribera.

Comprendiendo los conjurados que la tardanza encerraba quizá, el fracaso y la muerte de su plan, resolvieron por las vivísimas instancias del capitán Cordero, ponerlo en práctica en la noche del 9 de Octubre.

Debían comenzar por adueñarse de los cuarteles; y aunque la guarnición se componía de 1500 hombres de todas armas, contando ellos con numerosos adeptos en todos los cuerpos, lograron su intento en la misma noche sin gran efusión de sangre.

Procedieron después á reducir inmediatamente á prisión al Gobernador Vivero, al Comandante Elizalde, que desempeñaba las funciones de Teniente Gobernador, al Coronel García del Barrio, Jefe del batallón "Granaderos" y acérrimo enemigo de la causa de los patriotas, á muchos militares, empleados públicos y otras personas capaces de inspirar sospechas.

El capitán del puerto señor Villalba, que en cumplimiento de la orden del Gobernador permanecía estacionado en Puntilla con las lanchas, fué por sí mismo á ponerse en manos de los amotinados que lo prendieron esa misma mañana cuando bajaba á tierra para recibir órdenes.—Pocos momentos después expedía intimidado, la que hizo á los rebeldes dueños de las lanchas así que regresaron á la orilla en cumplimiento del mandato de su jefe.

Apoderados de la escuadrilla y de la ciudad, de ciento cincuenta mil pesos que encontraron en las arcas del tesoro, de los parques españoles muy bien provistos de armas y pertrechos de guerra—y lo que es más—habiendo privado á la presidencia de Quito de su único puerto y del camino más fácil para su comunicación con la Metrópoli y con las otras regiones americanas en que aún flameaban los estandartes de Castilla, preocupáronse los patriotas de la adopción de aquellas medidas que creyeron urgentes á fin de aprovechar todas las ventajas de su fácil é importante triunfo.

II

Al efecto, se llamó al Dr. Olmedo para que se hiciese cargo del Gobierno y éste tuvo que aceptar esa distinción de que no logró relevarlo la obstinada negativa que opuso, fundándola en su inapariencia.

El primer acto del Dr. Olmedo fué convocar ese mismo día al pueblo para que eligiese á sus autoridades.

Reunido, aclamó entusiasta á Cordero para la Jefatura Superior de la provincia; mas no hubo razón alguna que decidiese á este bravo y pundonoroso patriotá á aceptar el honorífico encargo que se le confiaba.

Entonces se formó una *"Junta Gubernativa,"* compuesta de los señores Escobedo, Espantoso y Jimena, la misma que tuvo por Secretario al Dr. Fernando de Vivero.

La Junta convocó al Colegio electoral de la provincia, el cual reunido en 8 de Noviembre de 1820, dió una constitución provisional, despachó comisionados para que á la brevedad posible comunicasen á Lord Cochrane, á San Martín y á Bolívar el gran acontecimiento de la independencia de Guayaquil, creó otra *"Junta Suprema"* que se compuso de los señores Olmedo, Roca y Jimena, Presidente el primero y Vocales los otros miembros, ocupándose por fin activamente de la formación de un ejército y dando en seguida por terminadas sus funciones.

No podía menos que esperarse un pronto ataque que emprenderían contra la plaza los realistas de Quito, cuando fueran sabedores de lo acontecido en Guayaquil.

Ante la espectativa de este peligro, la Junta confirió el mando del ejército á Urdaneta, ascendido ya á la clase de Coronel, incurriendo así en la más negra é injustiflcable inconsecuencia con el prestigioso Cordero, que había sido la figura más simpática y prominente de la revolución de 9 de Octubre.

III

Cuando llegó á conocimiento del General D. Melchor Aymerich, Presidente de Quito, la revolución de Guayaquil, dispuso éste que se le incorporasen parte de las fuerzas que había en Pasto, las que reuniéndose á las tropas que desde antes tenía, le permitieron formar un ejército de mil hombres que puso á órdenes del Coronel Francisco González.

Entre tanto Urdaneta salió de Guayaquil con dirección á la capital y se encontraba en Ambato cuando supo que González se aproximaba con las fuerzas de su mando.

No creyendo Urdaneta conveniente librar una batalla en la población, salió á esperar al enemigo en el llano arenoso de *Huachi*, situado como á un cuarto de legua al S. O. de la villa.

El 23 de Noviembre se avistaron ambos ejércitos.

Los patriotas ascendían á 1800 y acometieron con denuedo á los realistas, muy inferiores en número; mas cuando parecía seguro su triunfo, el valor personal de González salvó á los suyos y les dió la victoria.

Este bravo Coronel, viendo que sus soldados sobrecogidos de espanto estaban próximos á declararse en completa derrota, lanzóse animoso contra las filas enemigas, lo cual imitado por los suyos, determinó un ataque que Urdaneta no pudo resirtir.

La batalla de Huachi, aunque de corta duración, fué por demas encarnizada y sangrienta: quedaron en el campo 800 patriotas entre muertos y heridos y el vencedor se apoderó de un crecido número de prisioneros, de una excelente caballada, de tres cañones reforzados y de casi todos los fusiles, municiones y pertrechos que le abandonaron los vencidos.

No se conoce con exactitud el número de bajas que en esta jornada sufrieron los realistas. El parte del Comandante en Jefe español dice que sólo ascendieron á 25 muertos y 30 heridos, más esto no es de creerse tratándose de una acción tan reñida.

Urdaneta logró fugar por el camino de la costa acompañado por el Teniente Coronel del ejército español D. Nicolás López, quien habiendo sido hecho prisionero algunos días antes por unas guerrillas en *Machachi*, fué entregado á Urdaneta cuando este jefe pasó por esa localidad.

López pudo haber fugado durante la batalla, pero prefirió tomar bandera en la causa patriota, á la cual debía traicionar después de la manera más pérfida, como tendremos ocasión de relatarlo en nuestro capítulo próximo.

IV

La trajedia de Huachi; más que pesar, despertó en Guayaquil una indignación profunda. Reorganizáronse los restos del ejército de Urdaneta á los que se unieron algunos voluntarios y se decidió vengar el descalabro sufrido, cuando ni el tiempo ni la ocasión eran propicios para ello.

Los patriotas sabían que marchaban á una derrota segura: más ardiendo en ira, se pusieron bajo la dirección del Comandante bonaerense D. José García, que marchó á su frente para *Guaranda*.

Enterado de esto el realista González, destacó de sus fuerzas al Coronel Piedra para que con 500 veteranos batiera á García.

Situado Piedra en el punto llamado *Tanizahua*, á dos leguas de Guaranda, esperó al enemigo y ambos ejércitos vinieron á las manos en 3 de Enero de 1821.

La refriega fué porfiada y terrible por parte de ambos contendientes; la victoria inclinada al principio del lado de los patriotas, declaróse después por los realistas, y aquellos huyeron dejando en ese improvisado cementerio 110 hombres entre muertos y heridos y 129 prisioneros, entre los que se contaba su jefe.

Triste, muy triste, fué el fin que cupo á este desdichado y temerario argentino. Para conocer la horrible extensión de si desgracia, oigamos al notable historiador ecuatoriano Pedro Fermín Cevallos, quien la refiere así:

"La cabeza de García después de husilado,
"fué cortada y traída en triunfo para Quito.
"Aymerich mandó colocarla en una jaula de
"hierro y ésta se puso en el puente de Ma-
"changara, mas que como trofeo, como espec-
"táculo imponente para los rebeldes; y esto
"á pesar de la muy comedida representación
"que le dirigieron los regidores á quienes con-
"testó dando una fuerte reprimenda."

Con la destrucción de esta última reliquia del ejército libertador, Guayaquil quedó en el riesgo inminente de ser fácil presa para los realistas y hubiera sucumbido, si Sucre no llega de Colombia en su auxilio comandando las tropas que en unión de las del Perú lo salvaron.

V

"El estado de guerra, dice el citado histo-
"riador Cevallos, unido á la mala voluntad
"con que los españoles miraban á los pueblos,
"hicieron que los victoriosos dejaran casi ta-
"lada la villa de Ambato."

En efecto, después del triunfo de Huachi, penetraron los realistas á esta población. Derribaron ó quemaron las puertas de todas las casas robando en ellas cuanto su codicia pudo encontrar, asesinando á algunos pacíficos habitantes y cometiendo, en fin, todos esos actos de barbarie y de crueldad salvaje que pone en práctica, cuando es consentida, la soldadezca desenfrenada después del triunfo.

Mas los atentados de Ambato palidecen y son solo simples pasatiempos de niños, si se les pone en comparación con los atropellos y vejámenes de que fué víctima la villa de Riobamba, ocupada por el Coronel Payol.

Este monstruo, cuyo corazón de hiena no se conmovía con ningún infortunio, gozaba al derramar la sangre de sus semejantes y su inexplicable satisfacción tornábase en deleite, cuando arrancaba la existencia á sus víctimas empleando los feroces tormentos que su alma, tan negra como vil, le sugería, .

Ningún ser creado superará jamás en barbarie á esta bestia humana que durante su estadía en Riobamba mató mas ecuatorianos que los que perecieron en las jornadas de Huachi y Tanizahua.

Más temido que los tigres ó chacales, su salida de esa villa fué para los vecinos de ella un motivo de grata complacencia y su muerte en la segunda batalla de *Huachi*, no un accidente de la guerra, sino el castigo providencial de sus inauditos y odiosos crímenes (1).

---

(1) Refiere Cevallos tomando estos datos de un historiador de la época, del continuador de las *Memorias* de Ascaraí, que este hombre sanguinario y bárbaro comenzó por hacer una requisa ó saquéo de caballos en toda la provincia esparciendo por ella su regimiento con orden de que no dejaran un solo caballo en ningún pueblo ni hacienda; que á los dueños que reclamaran se les lancease sin piedad y que si encontraban á alguna persona montada, lancearan solo al ginete para que el caballo no sufriera daño alguno. —Que en las haciendas colgasen de los piés á los sirvientes dándoles látigo hasta que declararan el sitio en que estaba escondido el último cuadrúpedo;

y que si en estas faenas encontraban sus soldados h algunos que pareciera ser insurgente, lo mataran en el acto.

Antojósele después engrosar las filas de su regimiento é hizo una leva de adultos, niños, ancianos y aun mujeres que, después de deshonradas, alcanzaban solo su libertad dando un hombre en su reemplazo.

Si alguno no podia aprender prontamente la dificil maniobra de caballería era [bañado] es decir, muerto; y la manera en que tencia se ejecutaba amarrando al reo á un palar en cuyo situación era lanceado por todo el regimiento, siéndole prohibido á los soldados introducir su lanza en la parte ya herida á la mayor profundidad de un dedo en el cuerpo de la victima, que al fin moría presa d   alvaje martirio.

Si desertaba algún soldado, bañábase al que lo seguía y á quienes reclamaron sus caballos, suplicando la devolución por ser su único patrimonio, hízolos enterrar dejándoles la cabeza afuera para que pasando sobre esas cabezas la caballería á toda rienda, las machacase hasta el

Finalmente cada soldado tenía ba arrastrar por alguno de ellos al la silla durante el ejercicio, haciéndole dar l'ayol quinientos palos, con lo que no hubo, como dice el historiador de quien tomamos el triste relato de estos crimenes, ejemplar de que ningúno viviese.

CAPITULO III

I

El año 1821 se distingue por ser el período en que la lucha entre patriotas y realistas llegó en Colombia á su mayor encarnizamiento.

Los brillantes triunfos del Libertador tenían exasperados á los españoles que, en las postrimerías de su dominación, querían, ejercitando actos de crueldad, perpetuarla en la memoria de los pueblos que trataban de emanciparse por las armas.

Corrían, según Restrepo, los primeros días de Mayo, cuando arribó á Guayaquil el señor General José Antonio de Sucre, conduciendo los 1,700 soldados que Colombia enviaba en ayuda de los patriotas ecuatorianos.

El futuro Mariscal de Ayacucho, junto con el encargo de guerrear por la independencia del Ecuador, traía una misión diplomática ele-

vada y difícil. .... G...
yaqu... la .... República de Colombia.

Inmediatamente ....
designado por .... su
jefe el ejército ... ...
tes en pié de ....
que produ... ....
de Quito.

Establecieron en .... general, comenzaron á organizar su ...... con e
inteligencia superior ....
justa entereza de ánimo .. ..
pués las soberbias victorias que .. .... á ...
colocaron su nombre glorioso .. ..

Antes del arribo de Sucre á Guayaquil
Junta había resuelto que esta provincia se cons-
tituiría en un estado independiente bajo la protección del Perú y Colombia; y aunque el vencedor de Pichincha le hizo notar la dificultad
de que semejante Estado fuera reconocido por
las potencias de Europa, encareciéndole con
insistencia las ventajas que su anexión á Colombia produciría á los guayaquileños, la Junta supo mantenerse firme en su decisión, opo-
niendo razones tales, que determinaron á Sucre
á aplazar, como ella lo pedía, para cuando se
hubiese consumado la libertad de la provincia,
la solución de este delicado asunto.

II

Establecido en *Zamborondón* el cuartel general de los patriotas, acampaba en *Babahoyo* la división de vanguardia á órdenes del coriano López, cuando tuvo lugar la sublevación de este Jefe que mañosamente había logrado reunir en las fuerzas de su mando á todos los oficiales cuyas dudosas opiniones los hacían aparentes para secundar el reprobado intento que desde antes abrigaba.

López, aunque americano de nacimiento, experimentaba aversión invencible por la causa de los patriotas, á cuyo servicio se puso con la mira única de alcanzar su confianza y entregarlos entonces á los realistas.

El General Sucre con ese golpe de vista, privilegio del militar experimentado, presintió en López un traidor y lo hubiera depuesto en el momento mismo en que lo conoció á no mediar la influencia de la Junta que lo estimaba.

Este mal patriota se puso de acuerdo con el Coronel Salgado, Jefe de un cuerpo de la división de vanguardia y con el piloto Ramón Ollagues que debía adueñarse de la flotilla existente en Guayaquil, para de este modo poner á Sucre entre dos fuegos.

Ollgaues, apoderóse en la madrugada del 16 de Junio de la pequeña flota y comenzó contra la ciudad un bombardeo con el cual despertaron sobresaltados sus moradores.

Los pocos milicianos, que habían quedado de guarnición en el puerto, resistieron tenazmen-

te con un cañón que arrastraron hasta la]
el ataque de Ollagues, que éste suspendió
ocho de la mañana retirándose con las lan

López supo en la tarde de ese día, el fr
de la tentativa de Ollagues, y no pudiendo
var adelante su primer plan, formó en la]
de Babahoyo á su división, arengándola
estas palabras: "*Soldados: nueve meses hace*
"*habeis estado engañados. La causa del*
"*prevalecerá siempre como causa justa!*]
"*el Rey!*"

Las tropas, entre las que no faltaban tra
res, secundaron, en el estupor del primer]
mento, el grito de su jefe y entonces éste,
volviendo su libertad á los oficiales que no
sieron seguirle, emprendió esa misma tard
marcha á Sabaneta al frente de 800 homl

Sucre tuvo noticia de la conspiración,
fraguaba López y mandó contra él al Cor
Cestaris y al comandante Castro con un
cuadron de caballería que recogió algunos
persos y pudo proteger á los soldados que
sertaban de las filas del traidor, el cual se]
sentó en Riobamba á Aymerich, quien rec
pensó su infamia acordándole las charret
de Coronel.

Sucre mientras tanto acudía con preste?
Guayaquil, tripulaba en el acto dos buques
tos en el puerto con los batallones *Gamer*
Albión y hacía perseguir á las lanchas col
energía, que las apresó antes que salieran
río.

Libróse Ollagues en la corbeta *Emper*
Alejandro que á toda vela pasó la isla de

ná con rumbo al itsmo, donde lo vemos reaparecer después.

La criminal tentativa de López y Ollagues ocasionó á los patriotas la pérdida de más de 800 hombres y á causa de ella tuvieron que paralizarse las operaciones que Sucre trataba de emprender por entonces.

III

Sucre aguardaba, como dice Restrepo, los mil hombres que el Vicepresidente de Cundinamarca había ofrecido enviarle en cumplimiento de las órdenes del Libertador; más el General Torres y el Gobernador del Cauca se empeñaban en mantener á toda costa una división en Popayán y con bastante dificultad se desprendían de oficiales y soldados.

Cuando el héroe de Pichincha apreció bien estas cosas y, examinando la situación de Colombia, comprendió que muy poco podía esperar de este país, dadas sus circunstancias de contendor en una lucha que á su desenlace, era más que nunca, cruel y horrorosa, se resolvió á ocurrir nuevamente en demanda de auxilios al Protector del Perú.

Ya, á los muy pocos días de su arribo á Guayaquil, habíase dirigido al General San Martín en un oficio del cual copiaremos los siguientes párrafos.

" *República de Colombia—Al señor General D. José*
" *de San Martin.*"

"*La Junta Superior de esta provincia me ha signi-*

" ficado que un cuerpo dependiente del ejército de V.
" que se levanta en Piura, puede cooperar muy efi
" mente á la campaña sobre Quito, invadiendo por
" ja ó Cuenca y penetrar hasta reunirse á la divis
" de Colombia que marcha de este punto."

. . . .
. . . .

"Si la actitud militar de V. E. le permite desp
" derse de este cuerpo por ahora, aún cuando él
" sea numeroso ni suficientemente disciplinado, s
" de mucho provecho á uuestros planes y su situac
" le brinda los medios de rendirnos los más import
" tes servicios. Yo espero que el Departamento
" Quito, será libre en esta campaña y me lisonjea
" en ella tengan una parte gloriosa algunas tropas
" V. E. De cualquiera manera si la victoria acompi
" nuestros esfuerzos para terminarla más breve.
" contaré entre los favores de la fortuna, la ho
" de presentar luego mis servicios á V. E. y á los
" bertadores del Perú. Los colombianos verán como
" satisfacción orgullosa el marchar entre las filas
" los hijos de Maypú y estar á las órdenes de V. E
" Dios guarde a V. E.— Excmo. Sr. Antonio Jose
" Sucre.—Cuartel General de Guayaquil a 13 de 1
" yo de 1821."

En 12 de Junio reiteró Sucre este pedido
una nota en que decía al Protector: "que ap
" vechando éste del armisticio iniciado co
" Virrey, le mandara un cuerpo de 800 h
" bres para que bajando por Payta, se inter
"hasta Cuenca, y tan luego estuvieran realiza
" los planes del Libertador en Colombia, '
" fuerzas que estaban bajo su mando se oc
" rían de los planes de él (San Martin,)
" que tales eran los deseos y las intencione
" Gobierno de Colombia."

En el Perú se estaba entretanto debatic

el modo más conveniente y seguro de prestar los auxilios que Sucre demandaba con tanta instancia, cuando se recibió un oficio fechado en Guayaquil el 19 de Agosto y dirigido por la Junta de Gobierno al Protector, diciéndole, entre otras cosas: *"si V. E. no acelera los res-"fuerzos que con tanta instancia le hemos pe-"dido, la provincia (Guayaquil,) será perdida; "500 hombres cuando menos deben volar en "nuestro auxilio, bien para obrar por Piura "contra Cuenca, bien directamente por esta "Provincia; y en aquel caso es conveniente, es "indispensable, que vengan 200 ó más de caba-"llería y principalmente mil fusiles."*

Esta comunicación suscrita por Olmedo continúa haciendo apreciaciones sobre la urgencia y necesidad del auxilio: pídese en ella 1000 tiros entre bala rasa y metralla de diverso calibre y termina con estas significativas palabras: *"todo "es de absoluta necesidad y esperamos que fran-"queándolo V. E. esta Provincia se salvará y "reconocerá á V. E. por su Libertador."*

Pronto, muy pronto iba el Perú á deferir á la solicitud de sus vecinos y con tal fin, el Protector apuraba incesantemente la militarización de las fuerzas que un cuadro de tropa aguerrida y veterana formaba é intsruiría en el Departamento de Piura y otras localidades del norte.

IV

Recobrar Guayaquil era la preocupació[n]
naz y constante que al General Don Mel
Aymerich quitaba la tranquilidad y el goz[o]

Mal humorado y pensativo mostrábase
Presidente, quien para realizar su ideal orga[ni]
zó una división en Quito y una columna [de]
mil y tantos hombres en Cuenca; púsose á [la]
cabeza de la primera confiando al Coro[nel]
Gonzales el mando de la segunda.

Aymerich salió de la capital marchando [por]
Guaranda hacia la bodega de Babahoyo, mi[en]
tras Gonzáles atravesaba la montaña de [Ya]
huachi para salir al pueblo de este nom[bre]
donde se iba á unir al Presidente, á fin de [con]
certar juntos y poner en seguida en ob[ra el]
plan con que pensaban reconquistar Gu[aya]
quil.

Sucre bien instruído de cuanto movimi[ento]
efectuaba el ejército español, reconcentró [el]
de Agosto todas sus fuerzas en la bodeg[a de]
Babahoyo para hacer frente á la división [que]
venía por Guaranda y cortarle las comu[nica]
ciones con Yahuachi.

El día 12 se presenta Aymerich ant[e los]
puntos avanzados del campamento patrio [de]
Palo-largo; y aunque es provocado á com[batir]
no cree prudente arriesgar una sola gu[erra]
mientras no llegase Gonzales con la col[umna]
de Cuenca para reunir ambas fuerzas y p[roce]
der de concierto con este jefe.

El día 14 supo Sucre por sus espías que Gonzales se encontraba en el pueble de *Yahuachi* y que el 18 debía salir precisamente de él.

Entonces, puesto entre Aymerich y Gonzales, propónese batir primero á éste, que era el más débil, y aparentando atacar á la división què tenía al frente, entretiénela con algunos movimientos hasta la madrugada del 17 en que emprendiendo acelerada marcha sobre Yahuachi, ocupa este pueblo aquella misma noche.

Tomados algunos prisioneros el 18, el ejército libertador abandona Yahuachi al amanecer del 19 y como á las once de la mañana dá alcance á Gonzales que, avanzando á paso acelerado, queda sorprendido con la presencia de un enemigo á quien creía muy distante.

El General Mires, español de nacimiento al servicio de los patriotas, inició la batalla con el batallón "*Santander*" y con una compañía de "*Dragones.*"

La refriega fué sangrienta y el triunfo bien disputado por ambas partes quedó al fin al ejército libertador, pues los realistas huyeron dejando en el campo 150 muertos, 3 oficiales y 76 individuos de tropa heridos, 600 prisioneros entre los que contaba el Comandante Francisco Eugenio Tamarris, 2.º jefe de la división vencida el cual tomó bandera entre los vencedores, 819 fusiles, 20 cajas de guerra, 22 cornetas; todas sus municiones y cuanto conducía la columna.

Gonzales logró fugar acompañado de 120

servir al Rey de España.—*¡Muera el Rey de España! ¡Viva Colombia!*

Este incidente inesperado avergonzó al Comandante Jiménez, quien al presentarse de nuevo á Sucre le manifestó lo acontecido, participándole que tan dura lección lo había convencido de que no era digno continuar sirviendo á la causa de la tiranía.

Jiménez pidió un puesto en el ejército libertador, y concedido que le fué, no queriendo regresar al campamento de Aymerich, escribió á este General dándole cuenta de su decisión y del triste resultado de sus gestiones.

No podemos asegurar la veracidad de este hermoso episodio, del cual no se ocupa ninguno de los historiadores ecuatorianos, cuyas obras hemos consultado; mas ponemos en conocimiento de nuestros lectores, que él se consigna en las páginas 43 y 44 del bello libro que en Bogotá publicó el señor General colombiano D. Manuel Antonio López bajo el título de *"Recuerdos históricos de la guerra de la Independencia."*

Este historiador era en la fecha de los acontecimientos que vamos narrando, uno de esos jóvenes y entusiastas oficiales del ejército que comandaba Sucre y, como tal, su palabra autorizada debe merecernos entera fe.

VI.

Delirante entusiasmo produjo en Guay;
la noticia del expléndido triunfo de Jara
y entonces creyó Sucre que había llega
ocasión propicia de trabajar por la anexión
la provincia á Colombia, lo que aparte de
uno de los deseos más vehementes del Liber
dor, constituía el objeto primordial de su
sencia en ese país.

Con tal propósito, púsose de acuerdo cor
miembros del Cabildo que participaban de
opiniones y logró que éstos, declarando qu
voluntad de la provincia era formar part
Colombia, convocasen al Colegio electoral
ra que reunido en el término de quince
resolviese el importante asunto que moti
su convocatoria.

Yá se ha dicho que Olmedo quería qu
provincia se constituyese en un estado i
pendiente, bajo la protección del Perú
Colombia: y que entre los habitantes l
quienes deseaban la incorporación de el
Perú, quienes á la República colombiana

(1) Los señores Roca y Jimena, que, junto con el J
medo formaban la Junta de Gobierno de Guayaquil, q
la incorporación de la provincia al Perú.

El Brigadier Salazar que con el caracter de Agente
mático del Perú velaba por los intereses de esta Nació
provincia, encabezaba el partido peruano, del cual eran
rosos correligionarios el General Lamar, después Gran
cal y Presidente del Perú cuando tuvo lugar el hecho
mas llamado impropiamente batalla de Tarqui, los Co
Ugarte y Pedro Roca y lo más granado, tal vez, de la s
guayaquileña.

Esta divergencia de pareceres dió por resultado el que los electores no se reuniesen y que la anexión indicada quedase pendiente, aunque preocupando el ánimo de todos los guayaquileños.

El vencedor de Yaguachi, que por entonces creía haber avanzado mucho terreno con la convocatoria del Colegio electoral, encomendó á sus adeptos la vigilancia y el éxito del asunto y abandonando Guayaquil, fué á reincorporarse á su ejército para abrir inmediatamente sus operaciones sobre Quito y aprovechar del reciente desastre de las armas realistas.

Quito; mas éstos, que después de la jornada de *Yahuachi* fueron reforzados, abandonaron entonces la villa de Riobamba y caminando paralelamente realistas é insurgentes, situáronse los primeros á inmediaciones de Ambato, resueltos á detener el paso á sus enemigos.

Antes de estos acontecimientos, el Presidente Aymerich, fatigado por la campaña anterior ó á causa de su avanzada edad, resignó el mando del ejército en el Coronel Gonzales y regresóse á Quito.

Gonzales situó sus fuerzas de infantería en el llano de *Huachi* parapetándolas tras los cercos y arboledas de una hacienda cercana denominada también *Huachi.*

Era esta su situación el 12 de Setiembre cuando á instancias del General Mires, se dió la batalla en el mismo campo y como á veinte cuadras del sitio funesto en que el año anterior fué destrozado el ejército que comandaba Urdaneta.

La caballería realista, aprovechando las ventajas del terreno ocupóse largo tiempo en levantar con el galope de sus caballos uná densa nube de fina arena, la que arrastrada por el viento cegaba á la infantería patriota.

En seguida cargóla con denuedo y desbaratando sus filas, introdujo la confusión y el espanto en los soldados de Sucre que ya solo trataron de huir.

"El General Sucre", dice un oficial colombiano que escribió la elegía de esa derrota "se salvó en su caballo herido y con una contusión " en un pié y una pequeña herida en la mano

" izquierda. Nos hicieron prisionero al Gen
" ral Mires, 36 jefes y oficiales y 600 de trop
" inclusos los heridos."

El verídico é ilustrado historiador ecuatoria
no, señor Pedro Fermín Zevallos, afirma que
quedaron en el llano de Huachi cerca de 80c
hombres entre muertos y heridos; más creemo
que este acerto no emana de ninguna fuent
oficial, porque el parte de la batalla, intercepta
do al General Aymerich, se expresa en este
términos:

"Aún no puedo calcular el número de mue
" tos, pero horroriza al menos sensible, ver e
" tos campos sembrados de cadáveres y teñid
": en sangre. Entre ellos deben contarse m
" de 170 de su caballería que murieron en
" filas de nuestra infantería en la última carg

El mismo Zevallos continúa: "Harto cost
" les fué sin embargo este triunfo, pues perc
" ron más de 1000 hombres, esto es, mas
" los vencidos, y porque perdieron al sangui
" rio Payol; de modo que los pueblos de la
" rra, en medio de su dolor, tuvieron á lo me
" el consuelo de haberse librado de aquel a
" no que, después de la victoria habría vuel
" sus malos y antiguos oficios."

Las tropas españolas mancharon su tri
saqueando Ambato y los pueblos inmedi
hasta que á los tres ó cuatro días de la ba
marcharon á acantonarse á Riobamba baj
órdenes de Tolrá, pues Gonzalez dirigi
Quito.

Sucre, que después de la derrota huyó

guido de cerca por la caballería enemiga, pudo arribar á Guayaquil sin otro contratiempo.

Desde el campo de batalla hizo avisar á Illingrot el triste éxito de la jornada, y este jefe, apostado á la sazón por las inmediaciones de Quito, retiróse aceleradamente con rumbo á Guayaquil.

Cuando el derrotado de Huachi llegó á esta ciudad. fué muy cordialmente recibido por el pueblo, y sin pérdida de momento, dió princi-pio á la tarea de reorganizar su ejército, para hacer frente á un enemigo á quien esperaba derrotar más ó menos pronto.

"No se arredró el General Sucre", dice en sus memorias un ilustre militar de Colombia, por este gran revés. "Siempre sereno, siempre " laborioso y activo y vigilantísimo en todo " momento, improvisó nuevas fuerzas como un " dios creador y haciendo uso de las facultades " que se le habían conferido formó los batallo-" nes «Guayas» y «Yahuachi», reorganizó el " Albión», creó dos escuadrones, uno de «Dra-" gones) y otro de «Lanceros» y pidió al Perú " el batallón «Numancia», que formado en la mayor parte de colombianos, agregamos, se ha-bía pasado en Huaura á las banderas de la pa-tria (1)

(1) Cuando el batallón español "Numancia" se pasó á las banderas de la patria, ofrecióse á cada soldado una gratifica-ción de 300 pesos y regresarlos si querían, á Colombia.

Esta segunda promesa fué imprudente y ligera como lo ma-nifiesta el señor Mariano Felipe Paz-Soldán en las páginas 251 y siguientes del tomo primero de su "Historia del Perú Inde-pendiente." Esos soldados, colombianos casi en su totalidad, eran incapaces de comprender en su ignorancia que la eman-cipación del Perú era la de la América toda y puestos á ele-

En seguida recibió de Popayán el bat "Paya", que embarcado en Buenaventura destino á Guayaquil, estaba en camino á l cha de la tragedia de Huachi.

---

gir entre quedarse entre nosotros ó regresar á su suel donde aun quedaban enemigos que combatir, no era que optarían por lo segundo.

Monteagudo que quiso después, y con motivo de su plina, deshacerse de estos auxiliares que nos odiaban tó al Numancia preguntando á soldado por soldado si volver á su patria ó permanecer en el Perú, y todos el pondieron que era su afán ir á pelear por la libertad lombia.

Entonces era la oportunidad de mandar dicho cuerp Nación; más las exigencias de la guerra lo impidieron moralidad de los soldados llegó á tomar las serias pro nes y el carácter alarmante de una verdadera rebelión.

El primer jefe, Coronel Tomás Heres, que insolente vido creyó imponer su voluntad de llevarse el Numa Colombia, fué el primero en explotar el descontento apoderó de sus subordinados cuando estos llegaron á der que á causa del angustioso estado de nuestro exhaus soro, no era posible darles la gratificación ofrecida de solo recibieron á cuenta diez y nueve pesos.

Este mal patriota que odiaba al Perú entregó por en Guayaquil una representación suscrita por los que se decía textualmente. "que estaban (los del Num " en la más tremenda alarma por su permanencia en " rra que aborrecían y que el batallón se disolvía ind " mente si permanecía por más tiempo en el Perú" de manuscritos de Paz-Soldán, legajo N.° 161.)

En presencia de esta difícil situación y como med ciliadora. Sucre manifestaba en el oficio que motiva tación, que si el Protector no le enviaba los socorros la Junta de Guayaquil solicitaban, le devolvía al Numancia cuya permanencia aquí se iba haciendo imp --Para el caso de que San Martín optara por esto últ futuro Mariscal de Ayacucho señalaba al batallón el que debía seguir para unirse á él en el Ecuador.

El señalamiento de este itinerario condicional fué de que se valieron los de este cuerpo para decir que S nombre de su patria los reclamaba y que el Protector retenía sin derecho alguno en un país para con el cual nían deberes que llenar.

Marchó después á la campaña sobre Quito la divi peruana que condujo Santa Cruz, en la que no me co el porqué no se mandó al Numancia, que dados su inm

El General Manuel Antonio López, hablando del descalabro experimentado por los patriotas dice: "Parece que fué necesaria la intervención " del cielo para que el casi infalible Antonio " José de Sucre fuese derrotado en operacio- " nes hechas bajo su dirección. Acaso era pro- " videncial que así sucediera, á fin de poner á " prueba y ejercitar su actividad y aquella im- " pasible seguridad de cálculo estratégico que " en una campaña de mayores proporciones " había de desplegar pocos años después para " corona de la libertad de América y de su pro- " pia gloria."

Mas, á pesar de estos bellos conceptos, que más que verdad expresan el respeto y el cariño sin límite que quien los expresó sentía por su jefe, debemos decir que la batalla de Huachi se empeñó impremeditadamente y en condiciones desventajosísimas para el ejército patriota, que,

---

lidad y atrevimiento era auxiliar perjudicial para nosotros.— A pesar de que en esa división fueron 1662 peruanos insistían los del cuerpo en cuestión en que se les regresase á Colombia y para poner remedio á su descontento é indisciplina dispúsose que en lo sucesivo no obedecería más órdenes que las de Sucre comunicadas por el Gobierno del Perú. (Catálogo de manuscritos citado, legajos N.° 99 y 209)

Sospechóse por entonces en Lima el firme propósito del Libertador de apropiarse de Guayaquil por cualquier medio, por el convencimiento ó la presión de la fuerza, y con esto vino á resaltar el feo proceder del Numancia que creció hasta el punto de hacerse necesario enjuiciar á su 2.° jefe, Comandante Don Miguel Morales, quien fué sometido á un Consejo de Guerra.

Mas á pesar de lo expuesto, quedóse el Numancia entre nosotros y reformado convenientemente en su personal y moralidad militar, lo vemos aparecer en la campaña contra Laserna y en la gran batalla de Ayacucho, donde peleó denodadamente bajo el nombre de *Voltíjeros* que llevaba entonces.

dadas la naturaleza del terreno y la superiori-
dad incuestionable de la brillante caballería realista, tenía en su contra todas las probabilidades de ser arrollado y vencido.

Así lo presintió el héroe de Pichincha y quiso rehuir el combate; mas, dejóse arrastrar por
el parecer del General Mires, por lo cual la
derrota labró en su ánimo una impresión de
honda pena, que sólo el tiempo y las fruicio-
nes dulcísimas de la victoria pudieron disipar
después.

En una carta que escribió á Bolivar le decía,
con motivo de este triste suceso y en descargo
de su atribulada y escrupulosa conciencia: *"Ud.*
" es bien justo para convenir que yo en Guayaquil, li-
" gado a estrechas instrucciones, sin socorro del Gobier-
" no y abandonado, puede decirse, á mi triste cabeza,
" no he correspondido tan mal á la confianza de Ud.
." Cundinamarca y sus divisiones en el Sur han des-
" cansado un año sobre mí, arrojándome á estas cos-
" tas con unos reclutas que debían hacer frente a cua-
" tro mil hombres. He padecido una desgracia en que
" el enemigo, con regulares tropas y con doble fuerza
" que yo, tuvo doble número de muertos, y desmorali-
" zación en lugar de entusiasmo, porque mis reclutas
" no dejaron de recordar el combate de Yahuachi. El
" enemigo no sacó otra ventaja que prolongar la cam-
" paña de Quito y he oído de boca de los mismos jefes
" españoles, que su única adquisición en Huachi, fué
" rehacerse del armamento que perdieron en aquél.
" Repito, mi General, que creo no haber deshonrado las
" armas de la República, y si Ud. conserva alguna
" amistad por mí, recibiré un favor de su autoridad
" si sujeta mi conducta militar á un consejo de gue-
" rra. Yo deberé a Ud. este bien como recompensa de
" mis trabajos en el Sur, y aun me permitirá U. que
" lo exija para vindicar mi honor."

Palabras hermosas que retratan bajo sus verdaderas formas al militar pundonoroso y caballerezco, al hombre dè conducta honrada y al amigo leal que, con su inquebrantable constancia y su talento guerrero, debía ser el brazo ejecutor de los planes que concibiera Bolivar para sacar de la esclavitud y de la tiranía esas Repúblicas, predestinadas á ser florecientes y felices, marchando siempre unidas cual los hermanos nacidos de un mismo vientre, y no enconadas por mezquinos intereses ó por envidias bastardas é injustas, que han de empobrecerlas y talvez aniquilarlas.

II.

Aymerich no creía que los patriotas pudieran rehacerse tan pronto del desastre de Huachi, y en esa persuasión, impartió sus órdenes al Coronal Tolrá, acantonado en Riobamba, para que, sin pérdida de momento, marchase sobre Guayaquil.

Sucre al saberlo salió á esperar á Tolrá á Babahoyo y persuadido el jefe español de las serias dificultades que se oponían á su intento, propuso al General en Jefe del ejército patriota una conferencia que, aceptada por éste, tuvo lugar el 20 de Noviembre.

En esta entrevista pactóse una suspensión de hostilidades por el término de noventa días y se convino en que el Gobierno de Quito podría enviar por Guayaquil tres comisionados con destino al Perú, á Panamá y á Cartajena,

para que se orientasen de la situación polít.
de estos países y recogieran la corresponden
que de Madrid se hubiera enviado por Gua
quil á Quito.

Por ese armisticio convínose también en r
brir el comercio de Guayaquil, estrictame
cerrado en esa fecha.

. La Junta de Gobierno aceptólo sin vacil
y firmado por Tolrá cuatro días después, inte
nóse este jefe en la sierra con las fuerzas de
mando.

"*Sucre sabía que, vencidos los 90 días ser*
"*inexpugnable la plaza que defendía*" y abrig
ba la convicción de que para entonces le ha
brían llegado los refuerzos que esperaba de
Perú y Colombia.

III

Tiempo es ya de que nos ocupemos de otra
comunicaciones que Sucre y la Junta de Go
bierno cambiaron con el Protector del Perú
demandando de este último el envío de au
xilios.

La Junta de Guayaquil al comunicar á Sá
Martín la derrota de Huachi le decía: "*Que*
" *la profunda inteligencia del Libertador de Colombia*
" *no podía ocultársele la importante necesidad de po*
" *nerse de acuerdo con él, para exterminar á los rea-*
" *listas de Quito y pasar en seguida al Perú, porqu*
" *bien conocía que con este solo territorio les bastab*
" *para resistir el tiempo suficiente mientras les llega-*
" *ran los tan apetecidos auxilios de la península.*"

Este oficio suscrito por Olmedo y fechado en Guayaquil el 17 de Setiembre concluía con estas sentidas frases: *"Hemos perdido los pri-* " *meros elementos de nuestra defensa: tropa y armas.* " *Nuestra vista se dirige naturalmente á V. E. Es* " *indispensable que V. E. se digne hacer los últimos* " *esfuerzos para dirigir á estos puntos mil hombres,* " *entre ellos* 200 *de caballería,* 1,500 *fusiles con sus* " *fornituras,* 50 *quintales de pólvora,* 10,000 *piedras* " *de chispa. Los capitanes D. Gerónimo Cerda y D.* " *Pedro Roca están comisionados por el Gobierno para* " *recibir y embarcar las armas y municiones que* " *V. E. proporcione á esta afligida provincia."*

Por su parte el General Sucre ofició en 26 de Setiembre al Ministro de Guerra del Perú, adjuntándole una nota para el Protector, é interesándolo para que si no podía enviársele aún la división que se le había prometido se le remitiese siquiera un batallón que guardase Guayaquil, mientras llegaban las tropas que esperaba del Cauca.

El mismo General en otra correspondencia posterior á San Martín se expresa de este modo:
. . . .
. . . .

" *El enemigo después de haber marchado a Quito y* " *reposado sus tropas, ha concentrado sus fuerzas en* " *Riobamba y según avisos fidedignos, iba á moverse* " *sobre esta provincia el* 17 *del actual con un cuerpo* " *de* 2,000 *hombres; de manera que el* 24 *deberá ocu-* " *par este punto que no es susceptible de la menor de-* " *fensa con las fuerzas que tengo. Aunque restable-* " *cida en cierto modo la moral no se han aumentado* " *los cuerpos de línea, sino tan miserablemente que una* " *población de* 70,000 *habitantes, apenas ha dado* 200 " *reclutas; y la ley marcial publicada por el Gobierno* " *de la provincia ha producido por todo efecto la for*

" mación de algunas milicias que, no saliendo
" misma ley de la clase de milicias y sin hallar
" servicio, no prestan otra esperanza que la d
" hombres que al aspecto del enemigo desertan
" siempre á cuidar sus familias y propiedades." (

Contráese en seguida esta nota á hablar
otras distintas cosas, pide el envío del batal
"Numancia" y termina con estas palabras:

" Suplico á V. E. por una contestación
" nos saque de la ansiedad en que nos hal
" mos de recibir algún auxilio de tropas
" ese país para deliberar mis operaciones c
" forme á esta esperanza, ó en la negati
" aceptar el mejor partido que nos ofrez
" las circunstancias.—Dios guarde á V.
" Excmo. señor.—ANTONIO JOSÉ DE SUCRE.
" Babahoyo á 19 de Octubre de 1821."

VI.

Convencido San Martín de la necesidad
auxiliar prontamente á Guayaquil, contestó
Sucre su oficio de 19 de Octubre, participá
dole que había nombrado al General Juan -
tonio Alvarez de Arenales para que fuese
reunirse con él, conduciendo la división peru
na estacionada á la sazón en Piura y otros l
gares del Norte.

Arenales se resistió á evacuar esa comisi

―――――――

(1) Se refiere seguramente á la provincia de Guayaquil.

alegando estar enfermo; pero la causa de su resistencia fué, en realidad, su propósito de no
servir bajo las órdenes de Sucre.

Así lo había presentido este digno y modesto soldado al recibir la nota en que el Protector
le comunicaba la designación de Arenales y no
queriendo que las tropas peruanas sufrieran en
su marcha el menor retardo por las dificultades
que opusiera su jefe, manifestó que complacido
serviría bajo las órdenes de Arenales: *"porque
mas le gustaba obedecer que mandar."*

Esta oferta la reiteraba después en un oficio
al Ministro de Guerra del Perú, en que emplea-
ba estos términos:

*"Nada me habria complacido tanto como que
" el Iltmo. señor Gran Mariscal Arenales hu-
" biese venido á mandar las fuerzas unidas,
" cuando tuve la facultad de hacer la invita-
" ción que presenté en el particular; y como
" me gusta más obedecer que mandar, me sería
" lisonjero, ahora y siempre, no solo de que
" viniese á dirigir la división de Piura, sino
" de servir yo mismo bajo de tan acreditado
" General, etc.*

. . . .
. . . .

*" También he recibido la contestación de
" US. á la nota en que participé á ese Minis-
" terio la franqueza con que puse en Guaya-
" quil las tropas de Colombia á las órdenes del
" General La Mar, en el momento de su lle-
" gada. Tuve también el placer y el amigable
" deber de suplicarle luego para que tomase la*

" dirección de la campaña de Quito, que ta
" poco quiso aceptar.

"Dios guarde á US.

Antonio José de Sucre.

Cuartel general en Cuenca, á 25 de Febrero
1822.

V.

La negativa del General Arenales fué caus
de que se nombrara al Coronel Santa Cruz par
que al mando de la división peruana fuera
auxiliar á Sucre en la campaña sobre Quito.

Con este motivo se celebró un convenio en
tre el Coronel D. Tomás Heres, Enviado de Co
lombia y el Coronel Santa Cruz del Perú, esti
pulándose las condiciones en que marchaban
las tropas peruanas.

Determinóse en este arreglo, que éstas se
rían pagadas, mientras durara la campaña, por
el Gobierno de Colombia, con el mismo suel-
do que percibían del Gobierno peruano y que
las bajas que sufrieran se reemplazarían con
soldados colombianos.

Santa Cruz se puso de acuerdo con Heres á
fin de adoptar el itinerario que debía seguir y
salió de Piura en los primeros días de Enero
al frente de una división compuesta de los batallones números 2 y 4 y de los "Cazadores del
Perú" y "Granaderos de los Andes", llevando
por todo una fuerza de 1,622 hombres, que en

su mayor parte eran soldados veteranos y aguerridos.

El comisionado Heres ratificó entonces la promesa del General Sucre de ponerse bajo las órdenes de Arenales.

La división peruana llegó al pueblo de *Saraguro* el mismo día que Sucre, el 9 de Febrero, que era el convenido para la reunión de las fuerzas del Perú y de Colombia, que en adelante iban á combatir juntas contra los realistas de Quito.

Santa Cruz tomó la vanguardia del ejército unido y apoderóse de Cuenca á los veintitres días de su salida de Piura.

Apreciando Sucre en su justo valor la importante adquisición de esta provincia y los esfuerzos de la división auxiliar peruana que armonizaba con las tropas de Colombia, escribió en 28 de Febrero al General Arenales, dándole expresivas gracias por el envío de esta fuerza y diciéndole: "*Al levantar nuestros pabellones* " *sobre las torres de Quito, el Perú, su Go-* " *bierno, sus tropas y US. que tan poderosa-* " *mente han ayudado nuestra empresa, merece-* " *rán nuestra eterna gratitud.*"

No preveía el ilustre prócer de la independencia ecuatoriana, que años después vendría una cuestión de fronteras á separar á los hermanos que juntos trabajaron por la causa de la familia americana, tornándo en odio el mutuo aprecio que ligarlos debía.

No se imaginó nunca que los periodistas del pueblo mas favorecido, tildaran al otro de ingrato y desleal, falseando la verdad histórica y obligándonos á rememorarles con documentos expresivos é incontestables,. los hechos de su propia vida.

VI.

Desde que el Cabildo de Guayaquil convocó al Colegio electoral después del triunfo de *Yahuachi*, para que se ocupase de la anexión de la provincia á Colombia, quedó este asunto á la orden del día y preocupando todos los ánimos.

Los guayaquileños divididos en tres bandos, según sus diversos pareceres, andaban agitados por los que instigaban esta cuestión, cuando en 16 de Diciembre de 1821 el populoso asiento de *Portoviejo*, proclamó su incorporación á Colombia.

Su Cabildo hizo una acta en este sentido y la puso en manos de Sucre, quien, temiendo se encendiese una guerra intestina de la que aprovecharían los españoles, la envió á la Junta.

Ofendióse ésta de la conducta de *Portoviejo* y quiso emplear las armas para reducir á sus moradores á la obediencia del régimen establecido; mas desechando pronto esta resolución impremeditada y violenta, desistió de ella y envió, en cambio de soldados, un comisionado para que persuadiera á los habitantes de la necesidad preferente que había en la provincia de mantenerse todos unidos ante el enemigo común, expulsado el cual, podría tratarse de la forma futura de organización de Guayaquil.

Empero el día 22 del mismo mes y año, algunos jefes y oficiales del batallón *Vengadores*, compuesto sólo de guayaquileños, elevaron una representación al General Sucre diciéndole que ellos también querían servir bajo las banderas de Colombia.

Mas las cosas no pasaron por entonces de allí: la sagacidad del Presidente Olmedo y la prudencia de Sucre paralizaron la marcha de èsos acontecimientos que llevaban al país al cisma y á la contienda fratricida, con la que hubiera espirado antes de haber nacido á la vida independiente.

Los revoltosos del *"Vengadores"* fueron mandados al interior cerca del enemigo, y los que no habían tomado parte en el suceso, quedaron en la ciudad constituyendo el cuadro de un nuevo cuerpo que debía formarse con el nombre de *"Voluntarios de la patria."*

Pero este hecho, unido á las maquinaciones constantes de unos cuantos y al vehemente é inquebrantable propósito del Libertador de anexar Guayaquil á Colombia contra el sentir de la Junta y la opinión de una parte del pueblo, eran presagios, funestos y seguros, de que en un porvenir no lejano, esa anexión se efectuaría, impuesta por los soldados victoriosos de Bolívar, quienes doblegarían la voluntad de cuantos se opusieran á ella, con el prestigio de sus triunfos y las fuerzas de sus armas.

CAPITULO V

I.

Casi siempre en el fragor de las luchas que ensangrientan á las naciones, surgen hombres que como el célebre Payol, tienen solo de hu-manos la estructura material, porque su alma como la de las fieras, es el engendro atroz é in-concebible de todo lo malo.

Pero si en esos períodos anormales y difíci-les de la historia, desempeñan su misión funes-ta esos monstruos que se solazan y deleitan con la contemplación de todos los horrores, tam-bién es una realidad consoladora la aparición de los seres justos, compasivos y magnánimos, que dulcifican la suerte del desgraciado y que, derramando pródigos toda especie de bienes sobre los pueblos, aseméjanse á las hermosas estrellas que en medio de la lobreguez de las noches tempestuosas, infunden aliento y esperanza al consternado navegante.

Abrimos pues, gustosos un bello paréntesis en las escenas de destrucción y muerte que vamos narrando, para describir, siquiera sea al correr de la pluma, la personalidad más eminente que pudo colocar España en la presiden-. cia de Quito; para diseñar, apenas sea en sus contornos salientes, la figura más simpática de esos tiempos azarosos, el personaje grande, clemente y liberal que con sus actos, supo granjearse el respeto y la sincera estimación de los hijos de Quito, quienes venerarán eternamente el recuerdo imperecedero de sus virtudes.

Yá se habrá sospechado que aludimos al General Juan de la Cruz Mourgeón, venido de la península á América en las circunstancias que pasamos á referir á nuestros lectores.

El año 1821 supuso el gobierno constitucional de España que, reformadas las antiguas instituciones, los americanos depondrían gustosos sus enojos, y reputaríanse felices, al ser regidos por las nuevas leyes que imperaban en la Metrópoli.

Bajo la influencia de tales ideas, nombróse al General Mourgeón *Capitán General y Presidente de Quito*, concediéndosele tambien el título de *Virrey de Santafé* en el caso de que lograse reconquistar las dos terceras partes de este Virreynato.

La elección no pudo ser más acertada: el General Mourgeón apóstol entusiasta y decidido de las nuevas ideas, militar valiente y pun-

donoroso, político hábil y cabal[...]
hombre apropiado para llevar á feliz [...]
la misión que se le confiaba.

Su proceder sagaz y conciliador había de [...]
seguro, producido muy óptimos frutos, si las [...]
condiciones del país y el encarnizamiento de la
lucha entre realistas é insurgentes no hicieran
por entonces imposible toda reacción del antiguo orden de cosas.

El nuevo Presidente arribó á Panamá [...]
en Julio de 1821: tuvo allí conocimiento de la
victoria de Carabobo y de los otros triunfos
del Libertador, y penetrado de toda la energía
y prudencia que era preciso desplegar para
detener á los patriotas en su carrera de gloria,
trasladóse á Panamá inquieto por los progre-
sos de la causa independiente, que no había su-
puesto tan poderosa ni adelantada en sus propósitos.

Hallábase por entonces en el istmo el batallón "Cataluña" que él reunió al "Tiradores
de Cádiz" y á un lucido cuadro de oficiales que
traía de la península; y provisto además de
30,000 pesos, de una corbeta y de dos goletas
que, armadas en guerra le proporcionaron l[...]
autoridades de Panamá, se hizo á la vela á m[...]
diados de Octubre con rumbo al mediodía.

Antes de emprender la navegación, el nue[...]
Presidente había propalado la falsa noticia [...]
que desembarcaría en Manta.

Abrigaba un designio contrario, mas era [...]
ciso engañar á Lord Cochrane que expia[...]
ocasión de apoderarse de él; y en efecto lo [...]
siguió con este ardid, pues la escuadra qu[...]

mandaba el almirante inglés, mantúvose á la capa en las aguas de *Manabí*, mientras Mourgeón tomaba tierra en Atacames el 23 de Noviembre de 1821.

Una vez en el suelo de la presidencia, comisionó al Capitan Moles, uno de sus ayudantes de campo, para que precediéndole en su viage se informara de si Quito permanecía ó nó, bajo los estandartes realistas y para que en la afirmativa, hiciese que las autoridades de la Capital le enviaran los auxilios que necesitaba en su penosa marcha.

El General Aymerich, sabía ya la aproximación del Capitan General, y envió á su encuentro algunos centenares de indios bien provistos de víveres, caballos y cuanto éste y sus tropas habían menester en el difícil tránsito de las selvas.

Poco más de un mes empleó el General Mourgeón en recorrer el trayecto que de Atacames lo separaba de Quito, y entró á esta ciudad bajo arcos de flores y en medio de las sinceras y entusiastas aclamaciones del pueblo.

Antes de su arribo á la capital fueron á recibirlo y saludarlo á "*Cotocollao*" las autoridades y un gran número de personas distinguidas de la presidencia y como allí se le enterara de los excesos y crueldades que un Coronel apellidado Vizcarra, íntimo amigo del sanguinario Payol, cometía con los vecinos de Ibarra, mandólo arrestar inmediatamente, disponiendo se le sometiese á juicio.

Manifestó en seguida y en alta voz á cuantos estaban presentes que venía resuelto á castigar con ejemplar severidad los atropellos y exacciones de sus subordinados con los naturales del país y á convertir en una realidad las garantías que á todos acordaba el nuevo Código Fundamental de España.

Semejante castigo y semejante declaración, conquistáronle desde entonces la simpatía de los pueblos y bajo tan felices auspicios, comenzó ese gobierno paternal y solícito que, durante su corta existencia, fué para Quito la lluvia celeste de bienhechor rocío, que devuelve su lozanía y bellos colores á la pobre planta cuando languidece y se agosta, abrazada por los rayos de un sol ecuatorial.

El primer acto del sucesor de Aymerich fué devolver la libertad á los prisioneros patriotas que encerrados en las cárceles gemían afligidos bajo el peso de las crueldades del anterior Presidente y después organizó el Ayuntamiento, formado de vecinos de la ciudad y al cual le fueron encomendados esas funciones que son hoy del resorte de la administración local y de los juzgados de paz.

Ocupóse en seguida de aumentar el ejército que puso en un pié brillante de moralidad é instrucción militar; organizó una caballería soberbia; llamó al servicio de las armas á todos los esclavos jóvenes y solteros, ofreciendo á los amos indemnizarles el precio cuando mejorasen las condiciones del real tesoro, hizo dar sepultura en lugar sagrado á las tres ó cuatro cabezas que en la fecha de su advenimiento á la ciudad yacían expuestas á la contemplación pública en algunos parajes de ésta; tomó de los templos y en calidad de préstamo, plata labrada y algunas alhajas; concedió á los naturales toda clase de garantías, entre ellas *la libertad de imprenta,* esparciendo, en fin, abundantes sobre Quito, los inestimables bienes de una administración progresista y humanitaria que, con razón sobrada, puede calificarse como el reinado de oro de esas épocas luctuosas.

Fué Mourgeón para la presidencia, que en esos tiempos de angustia soportaba la tiranía de Aymerich y demás absolutistas, las expoliaciones y los crímenes de Payol y otras hienas semejantes, *"un ángel que había bajado á secar las lágrimas y á aliviar los dolores."*

El historiador Cevallos, á quien tan á menudo citamos, al hablar de este mandatario modelo, que diez años antes habríase sin duda eternizado en el gobierno de Quito, lo hace con estas elocuentes y expresivas frases: " Digá-
" moslo de una vez: fué tal la estimación que
" se granjeó el Presidente con sus nobles pro-
" cedimientos, que, á vivir él cuando la segun-
" da campaña de Sucre, los pueblos no se ha-
" brían prestado acaso á favorecer con tanto
" entusiasmo la causa de la independencia, co-
" mo se prestaron al ver á Aymerich encarga-
" do de nuevo de la presidencia.—Tan cierto es
" que el hombre, aun con malas instituciones,
" puede labrar la felicidad de los pueblos, que
" Mourgeón con un gobierno monárquico y en
" tiempos de revolución, los contentó más que
" algunos de cuantos otros han asomado des-
" pués gobernando con los embelesos de la for-
" ma republicana."

II

Rendido al General Mourgeón el elogio á
que sus virtudes lo hicieron acreedor, volvamos
á reanudar nuestra narración tan justa y grata-
mente interrumpida.

Es de suponerse, y álguien lo dice, que Tolrá firmó el armisticio de Babahoyo con autori-
zación suficiente, pero así Aymerich como el
General Mourgeón después, negáronse á apro-
barlo y á enviar por Guayaquil los comisionados al Perú, Panamá y Cartajena.

En consecuencia la Junta de Gobierno ex-
pidió en 18 de Enero de 1822 un decreto dando por fenecidos los noventa días de suspensión de hostilidades acordada por los jefes de
ambos ejércitos y ordenó á Sucre que inmediatamente marchara á unirse con las tropas peruanas que debían llegar á *Saraguro* el próximo
més de Febrero.

Con tal fin las fuerzas encabezadas por Sucre, embarcáronse en Guayaquil el 22 de Enero de 1822, tomaron tierra en el *"Naranjal,"*
ocuparon después á *«Machala»* y por la escabrosa y casi intransitable montaña de este mismo nombre, venciendo muchas dificultades,
arribaron el día convenido á *Saraguro*.

Ya los esperaba la división auxiliar peruana
llegada poco antes; reuniéronse ambas tropas y
así quedó formado el ejército unido *Perú-Colombiano*.

Sucre emprendió entonces esa campaña sobre Quito que debía terminar con la jornada

de Pichincha; movióse en dirección á Juluc y Tolrá que por entónces acampaba en Cuenca al frente de cerca de mil hombres, habiendo recibido aviso de que Sucre marchaba con una montonera, se decidió á detenerle el paso y á batirlo.

Supo en seguida que eran tropas regulares las que acompañaban al General insurgente; y como tuviera orden expresa del General Mourgeon para rehuír toda batalla cuyo éxito fuera dudoso, retrocedió apresuradamente abandonando Cuenca que fué ocupada por el ejército Perú–Colombiano el 20 ó 21 de Febrero según diversos historiadores.

Grandes fueron el júbilo y el entusiasmo que despertó en los moradores de Loja y Cuenca la presencia de un ejército que iba á inmolarse por su libertad; quinientos hombres de ambas provincias corrieron presurosos á engrosar las filas patriotas y el resto de esas poblaciones esmeróse en atender y agazajar á las tropas durante el tiempo que permanecieron en ellas.

Iban muchos de sus habitantes, dice, el español Torrente, á ofrecerse á su servicio y á presentarles otros sus caballos, ganados, fondos y toda clase de auxilios. Varios individuos que residían en la capital adoptaron así mismo aquel partido y fomentaron con su fuga, la desconfianza de dicha ciudad y la causa de los invasores. (1)

(1) Torrente, Revolución Hispano Americana.

Poco tiempo después de la toma de Cuenca, el Coronel Tolrá renunció el mando del ejército realista, según unos, por graves desavenencias con el Presidente Mourgeón y según otros por habérsele abierto una herida que recibiera en la jornada de Boyacá.

Esta renuncia dió motivo para que el mando de esa división se confiase á López, el jefe traidor de Babahoyo.

III.

Mientras estos sucesos se realizaban en el interior de la presidencia, el Capitan de Navío Villegas, Comandante en Jefe de la flota española, permanecía en *Atacames*, con las fragatas *Prueba* y *Venganza*, esperando las órdenes que le diera el General Mourgeón.

Apoderóse después de la corbeta *Alejandro* y con el pretexto de bloquear Guayaquil, dirigiose á este puerto con las embarcaciones y vendiólas á la Junta de Gobierno por la suma de ochenta mil pesos.

Preocupado el Presidente con las atenciones de la guerra, descuidó su salud bastante quebrantada á causa de una caida que había sufrido en el tránsito de la montaña de Esmeraldas y que le afectó seriamente una pierna. Hízose necesario operarlo y el Presidente murió de la operacion.

La infamia de Villegas originó también un profundo abatimiento en el alma noble y generosa del Capitán General que, enfermo de cuerpo y espíritu, exhaló el postrer aliento el 8 de Abril de 1822 en medio del justo dolor y de la consternación general que experimentaron los habitantes de Quito con tan sensible pérdida.

El General Aymerich reencargóse de la presidencia, con lo que el descontento de la ciudad no conoció límites.

El General Mourgeón tuvo la fortuna de morirse oportunamente, lo que constituye la dicha final de los hombres públicos.

Quizá más tarde, y urgido por las exigencias de la política, habría cambiado su proceder conciliador y justiciero por esas medidas violentas y arbitrarias, que la guerra reclama como indispensables en determinadas circunstancias, y, al suceder esto, su nombre aparecería al presente, ligado á sucesos de triste recuerdo.

Mas desapareciendo como desapareció, antes del desenlace del drama terrible en que desempeñaba papel principal, sólo ha legado á la posteridad la memoria, simpática y atrayente, de sus sobresalientes méritos y de sus preciosas virtudes.

IV.

El General Mourgeon que era un hábil y experimentado militar, comprendió que Quito sería pronto amenazado por el norte, si el Libertador triunfaba de las tropas realistas que al mando del Coronel D. Basilio García defendían á Pasto y que este ataque, combinado al que Sucre emprendiera por el sur, pondría la capital en poder de los patriotas.

Entonces ideó un plan magnífico de defensa cuyo secreto consistía en colocar todo su ejército en condiciones de reunirse con toda celeridad en el punto en que fuera preciso rechazar al enemigo.

Con tal fin acantonó sus tropas en una gran extensión de terreno que le permitía movilizarlas con prontitud y sin dificultades, para defender por el norte todo el territorio de Pasto, amagando á la vez por el sur la provincia de Guayaquil.

" Tal era la actitud bélica de los enemigos " en el sur," dice en sus memorias un General colombiano á quien tendremos todavía ocasión de citar, " cuando el Libertador triunfante en " Carabobo, llegó á Popayán con una división " y se encargó del mando del ejército y de la " dirección de la guerra en aquel extremo de " la República. Con su mirada de águila y el " seguro instinto de su genio militar, compren- " dió, aunque el territorio no le era conocido, " que la situación del ejército realista estaba " admirablemente calculada para cargar con " una reunión general todas sus fuerzas de cual- " quiera de los extremos y batir alternativa- " mente á uno y otro ejército.

" Resolvió entónces moverse sobre Pasto, y " á cada paso fué convenciéndose más y más " en sus presentimientos por los informes que " recibió, pues supo de una manera positiva " que D. Basilio García se preparaba á mar-

" char en auxilio de las fuerzas de Quito con
" el batallón 1.° de «Aragón» y un número
" considerable de las milicias de Pasto. Era
" urgente impedir á todo trance aquella opera-
" ción que ponía al ejército del General Sucre
" en peligro inminente de una segura derrota.

" Hé aquí las razones y el designio que pre-
" sidieron á la tan criticada batalla de Bombo-
" ná y que la justifican ante la ciencia de la
" guerra."

V.

No cabe en los estrechos límites de este artículo, ni hace sobre todo á su objeto, el
relato suscinto ó detallado de la sangrienta batalla de *Bombond*, que en las lomas de *Cariaco*
se libró el 7 de Abril de 1822.

Este importante hecho de armas no tuvo es
cierto el carácter decisivo ni los resultados in-
mediatos de las jornadas de Pichincha y Ayacucho; mas él fué una medida estratégica de
indisputable mérito, porque paralizó las operaciones de una gran fuerza que junto con las
tropas de Aymerich, habría dado en tierra con
el ejército del vencedor de Yahuachi, muy inferior en número á las tropas unidas de Quito
y Pasto.

La acción de Bomboná, impidiendo la pro-
bable derrota de Sucre, contribuyó pues, en

parte no escasa, á asegurar la independencia de Colombia y Quito.

Ignoramos el número de muertos y heridos que de una y otra parte quedaron en las lomas de Cariaco, testigos mudos de la reñida batalla que juzgamos. Sólo sabemos que al oscurecer del 7 de Abril, y después de porfiada lucha, los patriotas coronaron las alturas que los realistas abandonaban, retirándose de ellas por orden de su Jefe.

Este á la mañana siguiente enviaba al' Libertador una sentida comunicación en que, manifestándose pesaroso por las pérdidas del ejército colombiano, le devolvía las banderas de los batallones *Vargas* y *Bogotá*, recogidas por sus soldados cuando yacían muertos los oficiales que las llevaban y la tropa que las defendiera tan heróicamente.

La comunicación del Jefe español concluía con estas bellas y generosas palabras: *"Remito á V. E. las banderas de los batallones «Bogotá» y «Vargas:» yo no quiero conservar un trofeo de dos batallones, de los cuales se puede decir que, si fué fácil destruirlos, ha sido imposible vencerlos."*

VI.

El istmo de Panamá proclamó su independencia el 28 de Octubre de 1821.

Los que allí dirigieron el movimiento revolucionario solicitaron del General Mariano Montilla, Comandante en Jefe de la plaza de Cartajena, el envío de tropas con que hacer frente á los españoles que intentaran sofocar su pronunciamiento.

Montilla mandóles entonces al batallón colombiano «*Alto Magdalena*» á órdenes del Coronel José María Córdova; mas al General Santander no le pareció este cuerpo dé mucha utilidad en el istmo y juzgando con acierto que su importancia era incuestionable en la campaña sobre Quito, remitiólo á esas regiones para que engrosara las filas libertadoras.

Llegado á Guayaquil el "Alto Magdalena," díeese que la Junta opuso dificultades á su desembarco y que le fué preciso ir á tomar tierra en *Machala*, de donde, con escasísimos recursos, emprendió su marcha á Quito por la escabrosa montaña de aquel nombre. (1)

Grandes fueron las incomodidades y contratiempos que tuvo que vencer el intrépido Cór-

----

(1) Dícese que la Junta temía que este cuerpo introdujese desórdenes en la ciudad y tal vez encendiera la guerra civil trabajando por la anexión violenta de la provincia de Guayaquil á Colombia.

dova durante su penosísimo viaje: en él perdió más de 100 hombres y en Cuenca se le incendió el parque, pereciendo algunos soldados en esta catástrofe.

Con su fuerza muy disminuida, incorporóse el "Alto Magdalena" al ejército perú-colombiano, el 13 de Abril de 1822, es decir casi al fin de la campaña contra Quito.

Empero llegó á tiempo para tomar parte en la gloriosa jornada de Pichincha, donde conquistó con la espada las charreteras de General su bizarro Coronel.

CAPITULO VI.

I.

El 28 de Marzo del expresado año de 1822, el ejército libertador abandonó *Cuenca* continuando su marcha hacia *Quito*.

La parte del ejércit o español que formaba la división de López, retirábase á la capital é iba abandonando las poblaciones á que se acercaban las fuerzas patriotas, sin aceptar batalla alguna.

El 21 de Abril situáronse los realistas en las colinas de *Santa Cruz* de muy difícil acceso, dispuestos á impedir la entrada de Sucre á Riobamba, mas descuidaron la vigilancia del único paso que ofrecía la quebrada por *Pantús*, y ocupado éste por los insurgentes, retiráronse los godos hacia la villa que también evacuaron casi inmediatamente.

El General Sucre comisionó al Comandante argentino Lavalle, Jefe del escuadrón «Granaderos de los Andes,» que formaba parte de la

división auxiliar del Perú, para que protegido
por unas colinas que lo ocultaban del enemigo,
·efectuase un reconocimiento.

Çon este motivo empeñóse la brillante acción de Riobamba, que el Generel Miller des-
cribe así:

" El Teniente Coronel Lavalle, con su es-
" cuadrón Granaderos de á caballo, que forma-
" ba parte de la división del Coronel Santa
" Cruz, había seguido al enemigo muy de cer-
" ca, y se halló repentinamente más inmediato
" de lo que era prudente á 400 caballos realis-
" tas; pero intentar retirarse ya, tan inmediato
!" á número tan superior, conocía muy bien
" que era como mandar dispersarse á su gente,
" y por lo tanto cargó inmediatamente y arrolló
" sobre la infantería á la caballería realista,
" causándole grande pérdida. Lavalle tuvo en
" seguida que retirarse y habiendo sido refor-
" zados los realistas avanzaron sobre él. pero
" este, conforme seguía su retirada á trote,
" mandó volver caras derrepente y cargó se-
" gunda vez al enemigo del modo más decidi-
" do y brillante; les mató cuatro oficiales y cin-
" cuenta y dos hombres é hirió muchos más,
"la mayor parte de los cuales escaparon sin
" embargo bajo el fuego de la infantería." (1)

El ejército libertador ocupó el 22 la villa de
Riobamba donde tuvo seis días de descanso y
conocimiento de la muerte del Presidente
Mourgeón.

---

(1) Memorias del General Miller, tomo 1.º página 367.

II.

El 29 de Abril salió el ejército de Sucre de *Riobamba;* el 30 ocupó *Ambato* y el 2 de Mayo acampaba en *Latacunga,* sin haber vuelto á encontrar al enemigo.

El 12, dejando esta población, continuó sus movimientos sobre *Quito.*

Los realistas situados en *Machachi,* cubrían los inaccesibles pasos de *Jalupana* y la *Viudita;* el 13 hicieron los insurgentes una marcha de flanco tomando otro camino á la derecha que debía conducirlos á las inmediaciones de Quito.

Con esta marcha iban á dejar muy atrás á los godos; mas estos, que lo comprendieron así, apresuráronse á entrar á la capital.

"En la nueva dirección que tomó el ejército " libertador, tuvo que pernoctar sobre los hie- " los del Cotopaxi, atravesar varias colinas y " descender al valle de Chillo; llegó á éste el " 16 acampando en una hacienda del coronel " ecuatoriano Vicente Aguirre. Aquí se reunió " al ejército el día 19, el General José Mires, " que había logrado fugarse en Quito de la pri- " sión y se encargó del mando de la división " colombiana." (1)

" Aunque los enemigos reconcentraron to-

---

(1) Mourgeón que acordó la libertad á todos los prisioneros como se ha dicho, la negó al General Mires porque era español de nacimiento y lo juzgaba traidor al patrocinar contra su patria la causa independiente.

" das sus fuerzas en la capital de Quito, no de-
" jaban de oponerse á la marcha del ejército li-
" bertador. La colina de *Puengasi*, que la di-
" vide del valle de Chillo, es de difícil acceso,
" y allí habían colocado algunas fuerzas para
" impedirles avanzar. El día 20, burlando los
" pasos que defendían, el ejército libertador la
" atravesó y el 21 se presentó en el ejido del
" Sur de Quito."

Por fin terminaba esa penosa marcha que,
en el curso de tres meses, emprendiera desde
Saraguro hasta la capital el ejército perú-colombiano y muy pocos días faltaban, para que
una victoria decisiva asegurase la independencia de dos repúblicas.

III.

A las once de la mañana del 21 de Mayo
de 1822, el ejército libertador formaba en el
ejido ó llano de *Turubamba*, situado al sur de
Quito,

Componía su vanguardia, como ya se ha dicho, la división auxiliar del Perú y el resto del
ejército los batallones colombianos *Paya*, *Alto
Magdalena* y *Albión*, los escuadrones *Dragones* y *Lanceros*, colombianos tambien, y el batallón ecuatoriano *Yahuachi*, haciendo una
fuerza total de más de 3000 hombres.

Los realistas estaban situados y parapeta-
dos tras los paredones que servían de cercado
á las estancias que desde el ejido á la ciudad,

en un trayecto de más de ocho cuadras, se encontraban á uno y otro lado del camino principal que viene del Sur.

Al llegar al ejido, las fuerzas libertadoras desfilaron por la izquierda, á la vista del enemigo y á una distancia de siete cuadras de éste para acantonar en el pueblo de *Chillogallo* á cuya entrada formaron en masa.

Destacóse un compañía del batallon *Paya* para que iniciase el combate; mas aunque se puso ésta á tiro, los españoles no aceptaron la batalla y el ejército de Sucre pernoctó esa noche en el ejido,

Al día siguiente ocupó el pueblo de *Chillogallo* donde se racionaron las tropas trascurriendo ese día sin que los godos efectuaran ningun movimiento.

Llegada la noche, y temiendo Sucre una sorpresa nocturna del enemigo, emprendió una falsa retirada por unos caminos transversales que conducen á unas haciendas donde los insurgentes vieron llegar la mañana del 22.

Los españoles entre tanto permanecían tranquilos en sus atrincheramientos y esperaban en ellos el ataque convencidos de las ventajas de su buena posición y alentados por la esperanza de que en breve les llegarían refuerzos de Pasto.

Sucre que comprendía estas cosas se propuso variar de operaciones pasando al ejido de *Añaquito* al norte de la ciudad.

Esta nueva situación de sus tropas permitíale aislar á las fuerzas españolas que vinieran del norte y atacar á las que defendían Quito con mayores probabilidades de batirlas.

Mas para realizar su plan encontrábase el jefe patriota con serios inconvenientes.

Por la derecha era preciso romper muchos paredones de las estancias y remontar por un punto lejano dos ríos de considerable caudal de aguas que carecían de puentes: por la izquierda alzábase la alta loma de Pichincha en que no había camino sino una mala vereda transitable solo á pié.

Empero fué esta la senda que escogió el futuro Mariscal de Ayacucho, quien ese día envió un gran número de indios para que provistos de herramientas ensancharan el sendero haciéndolo practicable para la caballería y el parque.

A las nueve de la noche del 23, el ejército insurgente emprendió la marcha por aquella ruta y á pesar de haber caminado sin reposo toda la noche, solo á las ocho de la mañana del siguiente día su vanguardia coronaba la altura y se detenía allí para esperar el parque y el resto del ejército que subía en dispersión.

Esa marcha fué una de las pruebas más evidentes de la audacia de Sucre: como se efectuó por detrás de unas colinas los españoles no la descubrieron hasta muy entrada la mañana y entonces propusiéronse escalar el Pichincha coronar primero su cima y batir á los patriotas en detall.

Mas lo hicieron tarde, porque reunidas ya las fuerzas libertadoras acababan de almorzar cuando Sucre recibió aviso de que los realisats subían el volcán por tres distintas direcciones y se preparó en consecuencia, á recibirlos y rechazarlos.

El Coronel Morales, Jefe de Estado Mayor, mandó salir á la compañía de Cazadores del Batallón *Paya* para que apoyada por otra de la división paruana ocupase la cumbre de la loma. Los soldados al divisar la ciudad prorrumpieron en gritos de alegría victoreando á la patria y el resto del ejército los siguió en su ascensión.

Los godos escalaban presurosos el volcán por entre las ásperas veredas de la loma y los patriotas formaron entonces su línea de batalla colocando en el ala derecha parte de la división peruana; en el centro el resto de esta, el Batallón *Yahuachi* y el *Paya* y en el ala izquierda el *Alto Magdalena* á órdenes del Coronel Córdova.

La refriega se inició entre las tropas del Perú del ala derecha y dos batallones españoles que pretendieron posesionarse de una pequeña altura.

El fuego fué sostenido y mortífero por ambas partes; el parque tardaba en llegar escoltado por el Batallón *Albión* y las fuerzas exhaustas de municiones comenzaban á retirarse en buen orden.

En estos momentos reciben municiones y refuerzos y generalizada la lucha en toda la línea el valiente General Mires desmonta del caballo, pónese á la cabeza de toda la infant

fin Sucre ordenó que en el instante las persiguiese y aprisionase la caballería patriota; mas cuando ésta llegó al ejido, Tolrá le llevaba como una legua de delantera aunque sus soldados se iban defeccionando.

Sucre siempre magnánimo y generoso, Sucre, á quien según hemos oído decir llamaba el Libertador «*el justo Abel*», quiso ahorrar la sangre que aún tendría que derramarse en un ataque á la fortaleza del Panecillo.

Animado de este laudable propósito, comisionó al comandante O'Leary, Edecan suyo, para que fuese adonde el Presidente y le intimara la orden de rendir la ciudad y el fuerte, á lo que Aymerich contestó que lo haría por capitulaciones.

A la mañana siguiente, el jefe patriota que había pernoctado en un cerrito denominado *la Chilena*, recibió en su campamento á los Coroneles realistas González y Martínez de Aparicio, quienes con los comisionados patriotas pactaron la capitulación que se firmó ese día y cuyo texto copiamos más adelante.

En seguida marchó al Panecillo el batallón *Albión*. A su llegada y formadas las fuerzas que defendían esa fortaleza, arrióse el pabellon español que, saludado por los realistas, se guardó en la caja en que debía ser transportado á la península y enarbolóse en cambio la bandera colombiana.

" Las pérdidas de los godos en la sangrien-
" ta batalla de Pichincha consistieron en dos
" oficiales y 400 individuos de tropa muertos,
" 193 heridos, 160 jefes y oficiales y 2,110 sol-

" dados prisioneros y capitulados, 14 cañones,
" 1,700 fusiles y fornituras, banderas, cornetas,
" cajas de guerra, municiones y cuantos ele-
" mentos tenían en su poder," como lo expresa el testigo presencial de quien copiamos este
párrafo.

Considerables fueron, aunque muy inferiores en número, las que sufrió el vencedor.

" La historia militar, dice el señor Fermín
". Cevallos, no había presentado hasta enton-
" ces el caso de un combate habido á 4,600
" metros de altura y casi á los bordes de un
" volcán. Dióse á la vista de la ciudad tenien-
." do por espectadores á 40,000 almas cuyós
" corazones debieron conservarse palpitantes
" por la incertidumbre entre cantar la libertad
" ó gemir por la esclavitud. Hasta ancianos y
" adultos de ambos sexos habían subido gozo-
" sos las cuestas encumbradas, cual llevando
" un plato de comida ó una canasta de bizco-
" chos, cual un poco de pólvora, cual una ba-
" yoneta, alguna cosa, en fin, con que manifes-
" tar su gratitud á los soldados de la patria.
" Los vivas á la libertad tuvieron aturdida la
" ciudad toda la noche del 24."

Sucre ocupó la capital el 25 y por los términos de la capitulación de Aymerich dejó com-
pletamente asegurada la independencia de Quito y la de Colombia, puesto que las fuerzas españolas de Pasto, únicas que aún resistían al
Libertador, debían también deponer las armas
en el territorio que ocupaban,

IV

La heróica conducta del joven Calderón, Teniente del Batallón ecuatoriano *Yahuachi*; inmortaliza, sublima la primera página de la historia ecuatoriana y es muy digna de especial mención y elogio.

" Al comenzar el combate por el centro, di-"ce el General López, el teniente guayaquileño " Abdón Calderón que mandaba la tercera compañía dsl *Yahuachi*, recibió un balazo en " el brazo derecho que lo inhabilitó para to-" mar la espada con aquella mano y la tomó " con la izquierda y siguió combatiendo con " impertubable serenidad, cuando á pocos mo-" mentos recibió otro balazo en aquel brazo, " afectándole un tendón y fracturándole el hue-'· so del antebrazo, lo que le obligó á soltar la " espada. ·Un sarjento la recogió del suelo, se " la colocó en la vaina á la cintura y le ligó el " brazo con un pañuelo colgándoselo al cue·" " llo·"

" El joven guerrero con el estoico valor de " un espartano, siguió á la cabeza de su compa-" ñía, y arreciando el combate por la indoma-" ble resistencia de los españoles, recibió otro " balazo en el muslo izquierdo, poco más arriba :' de la rodilla, que le desastilló el hueso."

" Inmediatamente los enemigos empeñaron " su reserva y con esto llegó el instante supre-

" mo y decisivo de la batalla. Calderón cargó
" con su compañía haciendo un esfuerzo supe-
" rior á su estado desfalleciente, y al alcanzar
" la victoria, recibió otro balazo en el muslo de
" la pierna derecha que le rompió completamen-
" te el hueso, y lo hizo caer en tierra postrado,
" exangüe y sin movimiento."

" Sus soldados lo condujeron al campamen-
" to en una ruana y lo colocaron sobre unas fraza-
" das en el suelo de la sala de una casita, por
" que no se encontró cama donde acostarlo."

" Su estado de postración requería auxilios
" eficaces, para calmar al menos, su devorante
" sed y darle algun alimento; un amigo se en-
" cargó de prestarle aquellos servicios porque
" el desdichado joven no podía hacer uso de
" sus brazos ni mover las piernas."

" Como la última herida recibida era mortal
" y no se prestaba á la amputación, murió al
" amanecer del día siguiente."

Esta pérdida fué sentida por todo el ejército
libertador y Sucre ascendió al mártir á Capitán
para tributarle en esta clase los honores fúne-
bres.

Calderón, cuyo valor y estoicismo lo identi-
fican á los héroes de las pasadas edades, es empero más grande que muchos de ellos, porque
se nos presenta, en su sacrificio, rodeado por
esa aureola inmortal de simpática gloria, que,
cual luz dulce y clara, circunda á cuantos como
él, inmólanse entusiastas por la causa magna
de la redención de los pueblos.

Apóstol ferviente de la independencia de su
país, hombre dotado de una alma de acero,

CAPITULO VII.

I:

Hemos dicho que la capitulación de Quito aseguró la independencia del Ecuador y de Colombia, hiriendo de muerte el poder español en ambas Repúblicas.

De esto tendrá oportunidad de convencerse quien lea los términos de esa capitulación que íntegramente copiamos, no solo por el motivo indicado, sino también porque ella no está consignada en las obras de los varios historiadores ecuatorianos que, con la detención y el interés consiguiente, venimos consultando en el curso de estas REMINISCENCIAS.

Juzgamos pues que tiene verdadera importancia histórica el texto del convenio ajustado entre los Generales Aymerich y Sucre, que á la letra dice:

" En la ciudad de Quito á 25 de Mayo de
" 1822, convencidos de que las circunstancias
" de la guerra obligan á tomar un medio de
" conciliación que ponga á salvo los intereses
" del ejército español con la ocupación de esta
" ciudad y provincias por las divisiones del
" PERÚ Y COLOMBIA, á las órdenes del señor
" General Sucre, después de la victoria conse-
" guida por éste en las alturas de Pichincha,
" en la que los dos ejércitos se batieron con el
" ardor que les es característico; en atención á
" que la falta de comunicación con la Penín-
" sula, la opinión general del país y los pocos
" recursos imposibilitan continuar la lucha, y
" siendo conforme con las instrucciones de la
" Corte, dadas al Excelentísimo General Mour-
" geón por el Ministerio de la Guerra, en 3 de
" Abril de 1820, determinaron los jefes de los
" dos ejércitos transigir las desavenencias, nom-
" brando al efecto el señor General Sucre á los
" señores Coroneles D. ANDRÉS DE SANTA
" CRUZ, JEFE DE LAS TROPAS DEL PERÚ, y An-
" tonio Morales Jefe de Estado Mayor de las
" de Colombia y el Excelentísimo General D.
" Melchor Aymerich, á los señores Coroneles
" D. Francisco González y D. Manuel María
" Martínez de Aparicio, Ayudante General y
" Jefe de Estado Mayor de la división españo-
" la, los cuales despues de reconocidos sus po-
" deres estipularon los artículos siguientes:"

" Art. 1.º—Será entregada á los comisionados del señor General Sucre *la fortaleza del
Panecillo, la ciudad de Quito* y cuanto está
bajo la dominación española á norte y sur de

dicha ciudad, con todos los pertrechos de boca y guerra y almacenes existentes."

" Art. 2.°—Las tropas españolas saldrán de dicha fortaleza con los honores de la guerra, y, en el sitio y hora que determine el General Sucre, entregarán sus armas, banderas y municiones, y en consideración á la bizarra conducta que han observado en la jornada de ayer, y á comprometimientos particulares que pueda haber, se permite á todos los señores oficiales, así europeos como americanos, que puedan pasar á Europa ó á otros puntos, como igualmente la tropa, en el concepto de que todos los oficiales que quieran quedarse, serán admitidos en las filas ó como ciudadanos particulares."

" Art. 3.°—Los señores oficiales conservarán sus armas, equipajes y caballos."

Art. 4°—Los que de estos quieran pasar á Europa, serán conducidos por cuenta del Gobierno de Colombia hasta la Habana, por la dirección de Guayaquil y Panamá escoltados por una partida hasta el embarque, y en el primer puerto español á donde lleguen, serán satisfechos los gastos que ocasionen al comisionado que los conduzca."

" Art. 5.°—El General Aymerich queda en libertad de marchar cuando y por donde quiera, con su familia, para lo cual será atendido con todas las consideraciones debidas á su clase, representación y comportamiento."

«Art. 6.°—Se concede una amnistía general en materia de opinión á todos los empleados públicos, eclesiásticos y particulares. A los que quieran pasar á Europa se les concederá su pasaporte; pero el viaje lo harán por su cuenta,»

«Art. 7.°--Como en el artículo 1.° están comprendidas en la presente capitulación las tropas que están en Pasto y su dirección, se nombrarán dos oficiales de cada ejército, que vayan á conducirla y entregarse de cuantos prisioneros, pertrechos y demás que allí existan; pero en atención á las circunstancias de aquel país, el Gobierno español no puede salir garante del cumplimiento de ella, en cuyo caso el de Colombia obrará según le dicte su prudencia y juicio.»

«Art. 8.° --- Después de la ratificación por ambas partes del presénte tratado, el señor General Sucre podrá ocupar la ciudad á la hora y día que guste, cuyos artículos, para la ratificación de las partes contratantes, firmarán dichos señores comisionados, en el Palacio de Gobierno de Quito en el dicho día, mes y año.

ANDRÉS DE SANTA CRUZ.—*Antonio Morales.*—Coronel, *Francisco González. — Manuel María Martínez de Aparicio. — Patricio Brayn*, Secretario.

———

"Los oficiales y tropa prisioneros harán antes juramento de no tomar las armas contra, los Estados independientes del Perú y Colombia."

SANTA CRUZ.—*Antonio Morales.* —Coronel *González.*—*Aparicio.*—*Brayn.*

Cuartel General en Quito, á 25 de Mayo de 1822.—12.°

«Aprobado y ratificado.—*Antonio José de Sucre.—Melchor Aymerich.*

Cuartel General en Quito, á 26 de Mayo de 1822.—12.º

———

Es copia.—*Aymerich.—Sucre.*

II

Cuatro días después de firmada la capitulación que precede, es decir el 29 de Mayo de 1822, Quito juraba el acta de su independencia declarando que formaba parte integrante de la República colombiana.

¶ Disponíase en dicha acta que se obsequiase medallas al ejército libertador en este orden: de plata para la tropa, de oro para los jefes y oficiales, de oro esmaltadas de diamantes para los generales, aparte de una de mayor precio para el Libertador.

Acordóse también que en el sitio en que se libró la batalla á la cual el pueblo ecuatoriano debía su independencia, se construyese una pirámide de granito destinada á conmemorar este fausto suceso. En el lado del monumento que se mirase de la ciudad se gravaría esta inscripción; "*Los hijos del Ecuador á Simón Bolívar el ángel de la paz y de la libertad colombiana*", en el mismo frente el nombre del General Sucre y debajo la fecha de la acción de Pichincha y los nombres de los jefes y oficiales de estado mayor del ejército que en ella tom. parte.

En el mismo pedestal, y por su lado derecho se inscribirían los nombres del General Santa Cruz y el de los jefes, oficiales y cuerpos de la división auxiliar peruana; en el izquierdo el de los jefes, oficiales y batallones colombianos, comenzando por el del General Mires y en el lado fronterizo al campo de batalla deberían esculpirse estas significativas palabras: " *Al Dios glorificador: mi valor, mi sangre terminaron la guerra de Colombia y dieron libertad á Quito.*"

Debían también ponerse por separado los nombres de los muertos en el combate y en la cúspide el génio de la *Libertad* envuelto en las banderas de los cuerpos que hicieron la campaña.

Mas este monumento ideado en los primeros instantes de entusiasmo de un pueblo feliz y agradecido á sus redentores y cuyo fin nobilísimo era eternizar en las generaciones venideras el recuerdo del hecho grandioso que conmemoraba, quedóse en el Ecuador en la región de los proyectos, sin que hasta el día hayan sido causa bastante á decidir á sus gobiernos á construirlo, ni los motivos que lo inspiraron, ni las constantes y amargas peticiones que al respecto han hecho distinguidísimos escritores de esa nación, sirviéndose de frases parecidas á las del señor Pedro Fermín Cevallos, que trascribimos á renglón seguido.

" Pero ni el Dios Glorificador, dice este historiador notable, ha aceptado tal jaculatoria, puesto que en medio de nuestra independencia, no se ha perfeccionado la libertad cual debe entenderse, mejorando más bien nuestras costumbres que ensayando instituciones políticas sin término ni provecho; ni los regeneradores de ellas ó restauradores de la libertad, esto es, los hacedores de las revoluciones, han pensado nunca en destinar una centena parte de lo que una de ellas cuesta para levantar ese monumento que constituirá el orgullo de nuestro pueblo. Esa sangre de los vencedores en Pichincha, ese campo de victoria tan decisiva está cubierto más que con malas yerbas, con el ingrato lodo del olvido y ni siquiera festejamos el aniversario del gran día que nos dió la independencia. ¿Qué vemos en el campo de combate de Pichincha? El barro formado con la sangre de los vencedores. ¿Cómo nos acordamos del 24 de Mayo? Como de cualquier otra fecha del año; lo que quiere decir que no vemos nada ni nos acordamos de nada. La nada si tuviera imagen, sería el símbolo más propio y adecuado para representar la ingratitud."

III.

Se habrá visto en el tema primero de este artículo, que la capitulación ajustada entre los Generales Sucre y Aymerich, comprendía también á las fuerzas realistas de Pasto que por ella debían rendirse á los patriotas.

Mas su jefe el Coronel D. Basilio García, «que había hecho su carrera desde soldado, compensaba su falta de luces con toda la malicia y perspicacia que se adquieren con la experiencia en la milicia; era vivo, astuto y veterano viejo, acostumbrado por consiguiente á los reveses que se sufren en la guerra, y calculó que no teniendo conocimiento el Libertador del triunfo de Pichincha y de la ocupación de Quito por el General Sucre, podía hacer unos tratados más ventajosos con aquél, proponiéndoselos como un acto espontáneo.»

Bolívar encontrábase en el lugar denominado Berruecos, de donde se proponía operar sobre Pasto, cuando el 6 de Junio se presentaron en su campamento los Tenientes Coroneles españoles D. Pantaleón del Fierro y D. Miguel Retamal, cometidos por García para ajustar la capitulación, cuyas bases llevaban consigo.

Ignorante el Libertador del triunfo de Sucre y de la ocupación de Quito por las fuerzas patriotas, creyó que la medida del jefe realista, á quien tanto trabajo le costara vencer parcialmente en Bomboná, inspirábase en el convencimiento de no poder resistirle mucho tiempo y en el deseo de evitarse la vergüenza de una derrota. Enajenóse también de gozo, porque sabía que esa capitulación completando su victoria, aseguraba para siempre la independencia de Colombia y facilitaba grandemente la campaña del Ecuador.

Penetrado de estas ideas exclamó ante los comisionados de García: *"Esto vale más para mí y es más glorioso que una batalla ganada."*

En el acto nombró al Coronel Pérez y al

Teniente Coronel González para que celebrasen el convenio propuesto y habiéndolo él aceptado con muy pequeñas variantes, quedó la capitulación arreglada y firmada como á las seis de la tarde, hora en que se publicó por bando en el ejército.

Al día siguiente emprendieron las tropas independientes su marcha sobre Pasto; y habiéndose adelantado el Libertador con la vanguardia, llegó á esta ciudad en la mañana del 8.

Ya lo aguardaban las tropas realistas formadas en calle á la entrada de ésta. Don Basilio estaba de pié junto á sus banderas y al acercarse Bolivar, "le salió al encuentro le detuvo el caballo por las riendas lo saludó ' con respeto y le rindió su espada."

"El Libertador rebosando de gozo se desmontó, lo estrechó entre sus brazos, elogió su noble comportamiento y le ciño su espada á la cintura."

Encamináronse de allí juntos á las habitaciones que de antemano había hecho preparar el godo á su huésped. Una vez ratificada la capitulación por parte de ambos, enteró D. Basilio al dichoso y burlado vencedor del triunfo de Sucre y de la ocupación de Quito por las fuerzas unidas del Perú y de Colombia.

Esta noticia transportó de alegría á Bolivar, quien no solo perdonó su estratagema á García, sino que riendo lo felicitó por ella mostrando á la vez vivísimo y particular empeño en cumplirle, la capitulación de Berruecos honrosa en sumo grado á los estandartes realistas.

La misma tárde que Bolivar, llegó á Pasto el resto del ejército y formado todo éste dirigióle el Libertador la siguiente proclama:

" *Colombianos: ya toda vuestra hermosa patria es libre. Las victorias de Bombond y Pichincha han completado la obra de vuestro heroismo. Desde las riberas del Orinoco hasta los Andes del Perú, el ejército libertador marchando en triunfo ha cubierto con sus armas protectoras toda la extensión de Colombia. Una sola plaza, resiste, pero caerd, . Colombianos: participad del oceano que inunda mi corazón, y elevad en los vuestros, altares al ejército Libertador que os ha dado gloria, paz y libertad.*"

Inmediatamente D. Basilio entregó á las tropas vencedoras el armamento, municiones y cuanto elemento de guerra existía en la plaza.

"Los pastusos, mas empecinados realistas que los mismos españoles, al ver practicar esa operación, creyeron que Don Basilio los había traicionado y trataron de asesinarlo, á punto que fué necesario se le protegiera poniéndole en su casa una guardia de las tropas colombianas."

El texto de la capitulación de Berruecos, que se omitió en los artículos pero que se consigna en este folleto, decía á la letra:

" Los señores Tenientes Coroneles D. Pantaleón del Fierro y D. Miguel Retamal, comisionados por el señor Comandante General de la segunda división española del sur, Coronel D. Basilio García, presentaron los siguientes artículos de capitulación á S. E. el Libertador Presidente de Colombia, quien nombró para concluir este convenio á los señores Coronel

José Gabriel Pérez y Teniente Coronel Vicente González."

PROPOSICIONES:

" Art. 1.° No será perseguido ningun individuo del mando del señor Comandante General de la segunda división española del Sur; tampoco lo serán los últimamente pasados del Ejército de Colombia, inclusas las tropas y vecinos de las provincias del mando de dicho señor Comandante General, cuyo territorio comprende desde Tulcán hasta Popayán y costas de Barbacoas. Los individuos del clero secular y regular quedarán tambien exentos de todo cargo y responsabilidad.

RESPUESTA.—" Concedido sin restricción alguna."

" Art. 2.° Los oficiales y soldados españoles y los del país, no podrán ser obligados á tomar partido en Colombia contra su voluntad, no siendo los primeros invitados ni amonestados.

RESPUESTA. — " Concedido entendiéndose este artículo solamente con respecto á los soldados españoles y pastusos."

" Art. 3.° Los oficiales y tropa que quieran ser trasportados al primer puerto de España, lo serán facilitándoseles buques, pagando los costos ó como más haya lugar.

RESPUESTA. — "Concedido.—Si los oficiales y tropa españoles se conducen directamente á

España, el Gobierno español abonará los costos; pero si son conducidos á los puertos españoles de América ó á puertos neutros de ella,
la República de Colombia abonará los costos."

" Art. 4.º Los oficiales y soldados españoles
no serán insultados por ninguna persona de la
República de Colombia, antes serán respetados
y favorecidos por la ley. A los señores Jefes y
oficiales se les permitirá el uso de sus espadas,
equipajes y propiedades, inclusos los emigrados. Que si delinquen los favorece la ley de
Colombia y su territorio, observando el tratado
de Trujillo.

· RESPUESTA. — " Concedido."

" Art. 5.º Los españoles militares ó civiles
que quieran jurar fidelidad al Gobierno de la
República de Colombia, conservarán sus em-
pleos y propiedades; y, sin embargo de lo que
expresa el artículo 1.º se comprenderán en él,
y en lo demas, los individuos de las guerrillas
de Patía, y los que están dentro de la línea del
ejército de la República de Colombia depen-
dientes del señor Comandante General de la
segunda división española del ejército del Sur,
á los que no se les podrán acusar las faltas que
hayan cometido, aunque sean de la mayor responsabilidad. Por último, S. E. el Presidente,
como vencedor dotado de una alma grande,
usará para con los prisioneros de guerra y para
con los vecinos del pueblo de Pasto y su juris-
dicción, de la beneficencia de que es capaz.

RESPUESTA. — " Concedido."

" Art. 6.º Que así como se garantizan las
·personas y bienes de la tropa veterana y veci-

nos de Pasto, éstos y todos los que existen én él, aún cuando no sean nativos de allí, no podrán ser destinados en ningun tiempo á cuerpos vivos, sino que se mantendrán como hasta aquí, en clase de urbanos, sin que jamás puedan salir de su territorio; que á los emigrados se les dé su pasaporte para retirarse al seno de sus familias, y que atendiendo á la pobreza de Pasto y á las grandes erogaciones que ha sufrido durante la guerra, sea exenta de toda pensión.

RESPUESTA. — '' Los vecinos de Pasto sean nativos ó transeuntes, serán tratados como los colombianos de la República, y llevarán al mismo tiempo las cargas del Estado, como los demás ciudadanos. S. E, el Libertador ofrece constituirse en protector de todos los vecinos del territorio capitulado. S. E. hará conocer sus benéficas intenciones hacía los pastusos por una proclama particular, que será tan firme y valedera como lo más sagrado. Los emigrados obténdrán sus pasaportes para que se restituyan al seno de sus familias.''

'' Art. 7.º Que no haya la mas mínima alteración en cuanto á la sagrada religión Católica Apostólica Romana y á lo inveterado de sus costumbres.

RESPUESTA. — ''Concedido. Gloriándose la República de Colombia de estar bajo los auspicios de la sagrada religión de Jesús, no cometerá jamás el impío absurdo de alterarla.''

'' Art 8.º Quedando sujeto á la República de Colombia el territorio del mando del señor Comandante General de la segunda división española del Sur, expresado en el artículo 1.º, las propiedades de los vecinos de Pasto y de todo el territorio serán garantizadas y en ningun tiempo se les tomarán, sino que se les conservarán ilesas.

RESPUESTA. — "Concedido."

" Art. 9.º Que en caso que S. E. el señor Libertador quiera ir á Pasto, espera que lo trate con aquella consideración propia de su carácter humano, atendiendo á la miseria en que se halla.

RESPUESTA. — " Concedido. S. E. el Libertador ofrece tratar á la ciudad de Pasto con la más grande benignidad, y no le exigirá el más leve sacrificio para el servicio del Ejército libertador. La comisaría general pagará por su justo valor cuanto necesite para continuar la marcha por el territorio de Pasto."

" Art. 10.º Que respecto á que S. E. el Libertador se ha servido prometer á Pasto que gozará de las mismas prerrogativas que la capital de la República, se concederá el establecimiento de la Casa de la Moneda conforme lo está actualmente.

RESPUESTA. — " S. E. el Libertador no tiene facultad para decidir con respecto al establecimiento de la Casa de Moneda y amonedación, correspondiendo estas atribuciones al Congreso general, al cual podrán ocurrir los habitantes de Pasto á solicitar esta gracia, directamente ó por medio de un diputado al Congreso."

" Art. 11.º Que la persona del Ilustrísimo señor Obispo de Popayán y las de los demás eclesiásticos, sean tratadas con las mismas prerrogativas que se ofrecen á todos los vecinos de Pasto, respetando sus altas dignidades.

RESPUESTA. — "Concedido. El Gobierno y pueblo de Colombia han respetado siempre con la más profunda reverencia al Ilustrísimo señor Obispo de Popayán y á todo el clero de la Nación, siendo los Ministros del Altísimo y los legisladores de la moral."

"En cuyos artículos hemos convenido los comisionados á nombre de nuestros jefes respectivos. Este tratado deberá ser ratificado dentro de cuarenta y ocho horas por su Excelencia el Libertador Presidente de Colombia y por el señor Comandante General de la 2.ª división española del Sur, firmando dos de un tenor, en el Cuartel General libertador de Berruecos, á 6 de Junio de 1822, 12.º, á las seis de la tarde.

Pantaleón Fierro. — Miguel Retamal. — José Gabriel Pérez. — Vicente González.

———

Cuartel General libertador en Pasto, á 8 de Junio de 1822, 12.º

Apruebo y ratifico el presente tratado.

Bolívar. — Por su Excelencia el Libertador, *José Gabriel Pérez.*

———

Cuartel General divisionario de Pasto, á 8 de Junio de 1822.

Me ratifico y convengo en los presentes tratados.

Basilio García.

IV.

El diez de Junio salió Bolivar de Pasto con su Estado Mayor y un piquete de caballería llevando consigo al coronel Don Basilio García, que, temeroso de ser asesinado por los pastusos, no quiso quedarse entre ellos.

El general Sucre, instruido de la aproximación del Libertador había mandado hasta *Otavalo* al batallón *Paya* para que lo escoltase en el camino.

El 16 llegaba á Quito; Sucre á la cabeza del Ejército formado en calle, lo esperaba en el ejido de Añaquito.

A la vista de los heroicos vencedores de Pichincha creció el entusiasmo del Libertador que mandando formar en masa á las tropas, felicitólas por su bizarro comportamiento en esa jornada, concluyendo su elocuente peroración con estas bellas palabras:

"Los ecuatorianos no podrán olvidar jamás que en esa cumbre—(señalando con el dedo el cerro de Pichincha que se presentaba despejado)—inmortal testigo de vuestro valor, tres mil bravos del Perú y Colombia, destrozaron para siempre las cadenas que los oprimían, reconquistándoles su patria y restituyéndoles el goce de su libertad perdida hacía tres siglos.

¡Viva la libertad,!

Juzgue quien lea esta proclama y haya leido también lo que va escrito, la inexactitud y la injusticia con que nos han calificado de ingratos algunos articulistas ecuatorianos, cuyas aseveraciones-falsas quedan destruidas desde luego con el texto mismo de sus historiadores nacionales y con las palabras de su Libertador.

No porque surjan entre dos países cuestiones en las que cada uno de ellos cree tener de su parte la razón y la justicia, es lícito alterar en ningun caso, la verdad histórica, que en toda circunstancia es sagrada, porque ella constituye el más grande tesoro do los pueblos.

Bolivar ascendió en seguida á General al Coronel Santa Cruz y á la clase superior inmediata á algunos jefes y oficiales de la división auxiliar peruana; dió las gracias al Gobierno del Perú y ordenó el regreso de nuestras tropas, que se verificó por tierra y por la misma ruta que las había llevado á la capital ecuatoriana.

Bolivar conocía que no existiría independencia segura y cierta en la América latina mientras los realistas fueran dueños del Perú.—Desde entonces comenzó á acariciar con afán y empeño la esperanza de efectuar esa grandiosa é importantísima campaña, que vino á terminar á fines del año 24 con la batalla de Ayacucho, que fué el Waterloo de los realistas.

CAPITULO VIII.

I

El éxito expléndido de la jornada de Pichincha y la capitulación que á esta siguió, no eran sucesos que satisfacer pudiesen todas las ambiciosas miras del Libertador.

Después de ellos, faltábale realizar el objetivo principal que conforme á su plán político perseguían en el suelo libertado las huestes de Colombia: faltábale hacer del Ecuador una sección de aquella República, la que aparte de aumentar su preponderancia, adquiriría con esa medida, un puerto más en el Pacífico para dar por él pronta y fácil salida á sus productos.

El deseo de semejante anexión mortificaba el alma de Bolívar desde que envió á Sucre á guerrear por la independencia ecuatoriana cometiéndolo á la vez del encargo diplomático de influir infatigablemente con los hijos del Guayas á fin de que se incorporasen á Colombia.

Sucre, el admirable ejecutor de las ideas que concebía su ilustre jefe, no se descuidó un solo instante en el fiel desempeño de las comisiones que de él había recibido; dividiendo su tiempo entre ambas, pudo triunfar de los realistas, más pronto, y no obstante sus muchos esfuerzos, convencióse de que la otra misión era más ardua y difícil de lo que imaginara el Libertador.

Este mismo, á pesar de la aureola de gloria que circundaba á su ejército; á pesar del júbilo y la respetuosa veneración con que lo recibiera el pueblo de Quito á su arribo á esta capital, persuadióse luego de que la opinión pública no estaba acorde en Guayaquil sobre la forma política que convenía establecer en la provincia.

En efecto: había algunos que querían se constituyese ésta en un Estado independiente bajo la protección del Perú y de Colombia; otros que entusiasmados por el triunfo, deseaban anexarla á la patria del Libertador; y no eran pocos, en fin, los que movidos de antiguas afecciones y tiernos recuerdos que se armonizaban perfectamente con las conveniencias políticas y comerciales de su suelo natal, mostrábanse ardientes partidiarios de su reincorparación al Perú.

En la lucha entre estos diversos y opuestos pareceres, presentábase el primero casi como irrealizable: Guayaquil aislado de los otros pueblos que compusieron la presidencia de Quito y organizándose en la forma de un diminuto Estado independiente, habría tenido una existencia efímera, pues era bien codiciada presa, para conservarse íntegra por mucho tiempo en los confines de dos Naciones que, como el Perú y Colombia, tenian sobre ella derechos más ó menos fnndados que aducir; y lo que aun era peor, el peligroso encargo de fomentar su desarrollo como pueblo libre y autónomo.

Iba pues la bella cindad que sirvió de cuna al heroico Calderóa, mártir de Pichincha, bajo esa faz política, á convertirse en la manzana de la discordia entre los Estados que la pretendían y en la amenaza constante de la tranquilidad americana.

Explicado esto, veamos ahora los vínculos que la unían al Perú y Colombia respectivamente.—Al primero la acercaban aunadas, las necesidades de la guerra, las de la política y el comercio y los atrayentes lazos de un cariño antiguo y recíproco.

Limítrofe Guayaquil de nuestro territorio donde aun tremolaban defendidos por la flor del ejército español los estandartes de Castilla; con la casi totalidad de sus hombres eminentes y de valer educados en los colegios de Lima; con su bello sexo, que complacido, venía á ostentar su hermosura en la simpáctica c udad de los Reyes, teniendo en menos subordinarse á una capital tan lejana y pobre como Bogotá, con la mayor parte de sus producciones que encontraban en los mercados peruanos pronto y provechoso consumo; y, finalmente, habiendo formado antes, parte del antiguo virreinato del Perú, no podía caber duda que los intereses materiales y políticos de la provincia ecuatoriana, conspirando de consuno con el aprecio

cultivado y sincero que se profesaba mutua-
mente la buena sociedad de ambos pueblos,
aconsejaba como lo más justo, conveniente y
hacedero, la reincorporación de Guayaquil al
Perú.

En favor de Colombia, y prescindiendo de
esa preponderancia política que, cual dorado
sueño, perseguía el Libertador, no militaba
mas argumento en pró de la anexión, que la
ventaja particular de tener los colombianos un
puerto más y muy aparente en el Pacífico para dar ensanche á su tráfico mercantil: es decir
una razón solo egoista y comercial, que no dis-
culpaba, ni disculpar podía en ningun caso, un
atentado contra la sacratísima libertad de un
pueblo.

Alegábase entonces por los que de justificar
trataban la inícua expoliación que se ejerció
bien pronto sobre la ciudad que viera nacer al
egregio cantor de Junín, que las armas de Colombia habían roto las cadenas de opresión en
que antes gemía cautiva la nacionalidad ecuatoriana, y que, por lo tanto, Guayaquil era el
premio que acordarse debía al afortunado vencedor.

Pobre argumento que de admitirse significa-
ba solo para el infeliz cautivo el cambio de yugo; razón contraproducente además porque las
legiones peruanas derramaron también su sangre por la causa de ese pueblo, la que solo era
en definitiva, causa de la América toda.

Bolívar comprendió durante su corta estadía
en Quito, que, á pesar del inmenso prestigio

que le aseguraba la magnifica y reciente victoria que hacía de él un semi—dios americano, no sería dudoso el triunfo del Perú, si la voluntad espontánea de los hijos de Guayaquil decidía la suerte de la provincia: sobresaltóle entonces el temor de perderla, y en su ciego afán de adquirirla á cualquier precio, no vaciló en manchar sus laureles ejercitando odiosa presión disfrazada—para colmo de vergüenza—con el hábito de indigna superchería, sobre el pueblo mismo cuya emancipación dió á comprender admitía irrisoriamente.

Dejando Quito trasladóse á Guayaquil donde llegó el 11 de Julio del mismo año 1822, entre las entusiastas ovaciones que le prodigaban las localidades del tránsito.

A su arribo vistióse de gala la ciudad; sus habitantes prepararon suntuosísimas fiestas en honor del "Aquiles americano", y un miembro de su cabildo expresóle la gratitud pública en un elocuente discurso del cual tenemos á la vista el bello fragmento que va en seguida: "Al considerar, señor, la marcha rápida y gloriosa que emprendió V. E. desde las orillas del Atlántico hasta las riberas del Pacífico, en que cada paso ha sido una victoria, y en que se han visto las cimas de los montes humillarse bajo las plantas victoriosas de V. E.; es difícil no sentir exaltada el alma el recordar unas hazañas que la posteridad tendría por fabulosas, si no viese confirmada su realidad en la misma prosperidad y gloria que gozarán los pueblos como fruto de las inmensas fatigas de V. E., y de los portentos de su ingenio creador de la libertad de la patria."

"Este pueblo, señor, bajo los auspicios de valientes militares tuvo la audacia de sacudir el antiguo yugo en que gemía: las armas de la República sostuvieron la empresa y aseguraron la de su libertad, cuando volaron por esta parte á rescatar á los hijos del Ecuador."

"Nada resta, señor, sino que la paz y la abundancia perfeccionen la obra y recompensen con sus beneficios los males de la guerra, restablezcan el imperio de las leyes y consoliden el triunfo de la filosofía sobre el despotismo y la superstición."

Pero en medio de estos testimonios de agradecimiento y admiración respetuosa; del entusiasmo popular que rayaba en frenesí y de la expansiva alegría que animaba las festividades sublímes que se prepararon en homenaje á su persona, no descubría el ilustre prócer de la independencia americana, el deseo general y vehemente de Guayaquil de unir sus destinos á los de la vecina República de Colombia, pues los guayaquileños mostrábanse indecisos y divididos en lo referente á su organización futura.

Lejos de eso, penetróse de que la Junta de Gobierno, ó á lo menos la mayoría de sus miembros, pertenecía de corazón al Perú, al cual profesaba una simpatía que notábase manifiesta y clara en sus actos privados y públicos.

Vió pues, proxima á desvanecerse su mas halagadora esperanza, pronto á disiparse cual nube de verano, el ideal que con tanto tezón había perseguido y exasperado entonces adoptó el propósito de que no fuera así. Erale preciso obrar rápidamente, antes que pasase la embriaguez popular producida por el triunfo; y como en el mismo puerto codiciado tenía 3,000 soldados esclavos de sus órdenes: sostenido por la fuerza y estimulado por el deseo, resolvióse á efectuar de una vez y por la vía coactiva, esa ansiada anexión, que en tanto tiempo de gestiones tranquilas, Sucre no había logrado realizar.

No paró mientes el Libertador en los recursos poco decorosos de que se iba á valer para coactar la voluntad de un pueblo soberano: hombre de guerra, era, como todos los de su especie, poco escrupuloso en la adopción de los medios que lo conducían ál fin apetecido.

Es un hecho que en las situaciones de la vida humana hácese imposible desterrar del todo el principio de la arbitrariedad, que, en muchos casos, viene á ser el moderador benéfico de esa regla inexorable que nos rige con el nombre de ley; la cual—en su generalidad necesaria, porque es niveladora—no se presenta siempre como la genuina expresión, como el t asunto fiel de la justicia absoluta, de la que debe tomar forma y vida.

Y si la arbitrariedad presentase aun en las relaciones del orden familiar y privado y en aquellas que el ciudadano mantiene con los poderes directos de sus acciones, con más obvia razón debe disculparse y admitirse en la vida de campamento y de guerra, en la que los

8

mandatos del jefe son ley suprema, sus responsabilidades inmensas y las diversas situaciones anormales y difíciles.

De donde resulta inevitablemente que el audaz soldado á quien la fortuna sonríe y encumbra, comienza á hollarlo todo en fuerza de las circunstancias; habitúase luego á ser abusivo por sistema; y, si por desgracia, colócalo su buena estrella al frente del gobierno de un pueblo, mira la justicia y la ley como estrecho círculo de hierro que aprisiona su soberbia y despótica voluntad, exaspéranlo las contrariedades mas naturales y salta entónces sobre todo, violando el precepto y gobernando, por lo general, segun su propio querer,

Consecuente con esta anomalía que podemos llamar *ley de la arbitrariedad militar*, Bolivar al igual de todos los grandes capitanes que acostumbrados á vencer no admiten los imposibles—aunque estos se llamen ley natural, precepto positivo, voluntad popular ó conveniencia pública—quería á todo trance, y como vá dicho, poseer Guayaquil porque así convenía á su plan político de oponer á España en todo tiempo una gran nación llamada Colombia, la cual, rica en todo género de elementos, pudiese desafiar siempre el poderío de la Metrópoli, convirtiéndose en el fuerte baluarte y en el centinela avanzado de la libertad de los nuevos países latino-americanos y quizá en su tirano.

Resultado de esos funestos hábitos militares fué pues el proceder indecoroso del Libertador; y no crea nadie que las apreciaciones anteriores sean malévolo juicio de la conducta del esclarecido adalid de Junín en el asunto que las motiva, porque el simple relato de la anexión de Guayaquil á Colombia, viene á justificarlas ampliamente.

Para dar mayor autoridad á nuestra palabra, copiaremos á la letra los conceptos que sobre el particular emite el gran historiador ecuatoriano en su obra, tan sensata y brillantemente escrita, como es en justicia renombrada:

"Olmedo, dice Cevallos, el futuro cantor del guerrero que trataba de incorporarla á Colombia, Olmedo el alma del gobierno de esa plaza y el que con tanto acierto alcanzó á sospechar el nuevo yugo á que habían de sujetarnos los militares venidos de Venezuela y Nueva Granada: resistió con todo su empeño á los influjos del Libertador, sin hacer caso de los tres mil soldados victoriosos que con él habían entrado en la provincia. Bolívar y Olmedo aunque tirando ambos por el mismo camino de la independencia se hallaban encontrados en cuanto al modo de constituir á esa parte del antiguo Virreynato de Santa Fé. Bolívar estadista y capitán esclarecido, quería oponer á España una República grande y capaz de contrarestarla y por eso se esforzaba en la anexión á Colombia de tan rica provincia, el pundonoroso, entendido y previsivo Olmedo, puesto con otros á la cabeza del gobierno de su pueblo, quería conservarlo libre de los españoles, en primer lugar y, luego, así mismo, de los venidos á favorecer el grito de 9 de Octubre. Ol-

medo no hallaba en la reunión de Venezuela,
Cundinamarca y Quito, esa homogeneidad de
índole, educación y costumbres que constitu-
yen la unidad de un pueblo y preveía atinado
que, separados unos de otros por la naturaleza
misma de esas tres grandes secciones, días antes ó después había de venir á disolverse el todo y formar tres pueblos distintos. En una palabra, Olmedo solo quería la unidad de las provincias que componían la antigua presidencia
de Quito, la cual llegó á realizarse en 1830, y
quería desasirse en tiempo de huéspedes peli-
grosos que, en son de auxiliares habían de sus-
tituir su dominación militar á la dominación
de los monarcas."

"Cual de los dos, si Bolívar ú Olmedo, había de triunfar, casi no hay para que decirlo."

"El Libertador había tocado en Guayaquil
cuando ya estaban convocados para el 28 del
mismo Julio, los diputados de los pueblos que
debían decidir tan grave asunto, y quienes, si-
guiendo el sentir de Olmedo, quienes, aunque
pocos, el de los otros dos miembros del gobierno decididos por incorporarse al Perú, y quienes en mayor número por pertenecer á Colombia; (1) llegaron todos á exasperarse y á formar aquí y allí reuniones tumultuosas que á
continuar en tal incertidumbre habrían vergon-

---

(1) Bolívar y sus partidarios no omitieron esfuerzo alguno
para conseguir que en esa Asamblea fuera mayor el número
de diputados que querían la anexión de la provincia á Colombia.

zosamente engendrado una guerra civil. (1) Bolívar se enfadó; pero todavía guardando contemplaciones que á lo menos salvasen las apariencias de no haber pretendido influir en la voluntad del pueblo, se valió del procurador síndico, señor José Leocadio Llona, é hizo que por medio de una representación amenazadora pidiese al Cabildo la resolución de incorporarse á Colombia. La Municipalidad obrando con un temple que en tales circunstancias no cabía esperar, se negó por unanimidad."

"Este resultado que tampoco Bolívar pudo temer, le enfadó y parece que entonces ocurrió á varios ciudadanos la idea de elevar otra representación al mismo Cabildo pidiéndole que conforme á la voluntad de los pueblos de Guayaquil y Manabí, anteriormente manifestada, se decidiese por la incorporación á Colombia. Otros ciudadanos, si no los mismos, elevaron también una segunda representación al Libertador para que los recibiese bajo la protección de tal República, haciéndose, en consecuencia, cargo del gobierno político y militar de la provincia: y Bolívar escudado ya con tales solicitudes, mandó levantar en el muelle la bandera tricolor y mandó, por medio de uno de sus edecanes, manifestar su voluntad á la asamblea provincial, reunida entonces."

"Los miembros de la Junta, señores Olmedo, Roca y Jimena, más que disgustados, ofen-

---

(2) Parece ocioso decir que esos tumultos los producían las tropas colombianas y cuantos en la provincia secundaban el ntento del Libertador.

didos de aquel acto con que vino á desaparecer un gobierno formado por la voluntad del pueblo, declararon terminadas sus funciones, y poco después se fueron para el Perú, á pesar de las repetidas instancias con que Bolívar trató de detenerlos.

"Convócose luego diputados para una nueva asamblea, y reunida ésta el día 30 resolvió por unanimidad la incorporación de las provincias á la gran república. Una comisión del mismo Colegio electoral le dirigió el 2 de Agosto las proposiciones relativas al régimen interior con que deseaban ser gobernados: y Bolivar aceptando las convenientes ó que estaban en sus facultades, elevó á Guayaquil á cabeza de departamento, compuesto de la de este nombre y de la de Manabí y dió otros varios decretos con respecto á la gobernación pública y á los medios como pudieran prosperar aquellos pueblos.

"Por los mismos días se incorporaron tambien las provincias de Cuenca y Loja, que dos años después formaron un nuevo departamento. Si no se hubiera tratado mas que de volver á la unión con los pueblos que antes formaban el antiguo Virreynato, ya estaban satisfechos los deseos de nuestros padres. Por desgracia, ni la constitución ni las leyes de Colombia imperaban por acá, y los pueblos tuvieron que seguir regidos por un gobierno militar, esto es por un gobierno que no se para en los abusos y ultrajes contra la libertad y propiedades individuales."

II

Fué ridícula la ceremonia de que una Asamblea totalmente parcial manifestase su propio parecer como la expresión unánime y fiel del sentir del pueblo á quien aparentaba representar.—Ella debió haber dicho con hidalguía— lo que hubiera sido ménos oprobioso y más leal—que el Libertador quería que Guayaquil formase parte de Colombia, porque asi convenía á las miras políticas y á los intereses comerciales de esta República; y que una parte del pueblo guayaquileño cedía presionado, porque según las propias palabras de Bolívar expresadas en un oficio á la Junta de Gobierno de Guayaquil, esta provincia pertenecía á aquella República y *"en América no hay un poder " humano que haga perder á Colombia un pal- "; mo de la integridad de su territorio.*

Proceder así, conservando la franqueza aún en la imposición odiosa y violenta, hubiera denigrado menos al vencedor de Cariaco y á la Asamblea venal que fué instrumento dócil de sus planes.

Semejante conducta hubiera sido menos vituperable y más levantada (si altura cabía en ella) que las indignas supercherías de que se valieron para fingir que la voluntad popular era el fundamento del atropello que se apoyó solo en las bayonetas colombianas, y que, en la grandeza de Bolívar, no puede explicarse sino considerándolo como una arbitrariedad militar

cometida en uno de esos apocamientos de espíritu consiguientes á nuestra débil naturaleza
y de los que no es dado, á veces, sustrarse, á
los hombres de cualquier manera excepcionales, á los héroes y ni á los santos mismos.

Adueñado el Libertador de Guayaquil por
su propio querer, ¿qué hubiera acontecido,
cuando él al decir que era provincia colombiana y que en América no existía poder humano
que pudiera arrancar á esta potencia un palmo
de su territorio, manifestaba clara y arrogante-
mente su firme intención de conservarla por la
fuerza?

El Protector San Martín ofendido con esta
expoliación irritante sobre un pueblo soberano
y en guarda de los derechos del Perú, ofició á
Bolívar pidiéndole que dejase á los habitantes
de Guayaquil en la absoluta libertad de escojer
la forma política que les pluguiera darse; quiso
despues sostener por la fuerza los fueros holla-
dos de este pueblo autónomo, mas en breve tuvo que desistir de resolución semejante, convencido de que la tenacidad del Libertador en
defender su valiosa adquisición, iba á ser el motivo de una guerra civil encarnizada y fatal que
sembraría de cadáveres el suelo del Perú y Colombia, desolando el espíritu de los americanos
hasta el punto de que agonizantes al nacer ambos países, abriesen con su insensata lucha fratricida fácil camino á la reconquista española.

La desenfrenada ambición del gran capitán
venezolano, ponía en sério peligro de fracasar á

la paciente labor de la independencia del continente: mas San Martín, resuelto á no ser un
obstáculo para el afianzamiento de ella, creyó
que en una entrevista con Bolívar arreglaría la
cuestión Guayaquil, cuya pérdida para el Perú,
á ser menos candoroso, debía ya mirar desde antes en la región de los hechos consu-
mados.

Es sabido que en el hermoso puerto del Guayas, efectuóse poco despues una conferencia
entre ambos héroes; y que al cabo de tres días
de un debate en el cual no llegaron á entenderse, separáronse disgustados, sin que hasta la fecha hayan podido descubrirse con certeza los
motivos de su desavenencia.

Todo induce á juzgar que ella provino en
primer término de la ambición del Libertador,
quien no quería que ningún otro hombre hiciese sombra á su gloria cooperando á la redención de América desde el primer puesto del
Perú; después, y según muchos lo afirman, tuvo su causa tal rompimiento en las ideas opues-
tas que ambos patriotas profesaban sobre la
forma de gobierno que convenía establecer en
los nuevos estados del Sur de América. Dícese
que el General argentino era de opinión que se
constituyensen en monarquías constitucionales
regidas por príncipes de la sangre, al paso que
Bolívar era decidido partidario de su organización en Repúblicas.

No está plenamente probado que el Protector fuera el campeón de la forma monárquica;
y teniendo en cuenta que á las riberas del Gua-

yas lo llevaron principalmente el deseo de resolver la suerte de Guayaquil y el propósito de empeñar á Colombia en la guerra que el Perú sostenía con España, es lo mas racional conjeturar que la incorporación injustificable de aquella provincia y las dificultades que para auxiliarnos pondría por entonces Bolívar, interesado en venir personalmente á dirigir la campaña, contrariaron á San Martín hasta el punto de reñir con él.

Y no podia ser de otro modo, puesto que esa anexión expoliatoria, á mas de lesionar muy atendibles derechos del pueblo que aquel caudillo gobernaba por entonces, era lesiva á los intereses comerciales y políticos de la provincia anexada y un atropello también á la voluntad manifiesta de muchos de sus habitantes.

La historia debe ante todo ser imparcial como relato fidedigno de hechos pasados y fuente la más fecunda de las enseñanzas para el futuro. Así considerada habrá de reprobar siempre el proceder poco generoso y nada caballeresco que con respecto á Guayaquil observó el hombre grandioso cuya inteligencia superior y excepcionales dotes, arrancaron al despotismo naciones que, así en su existencia actual como en el porvenir venturoso que es de creerse les aguarda, veneran y venerarán la memoria imperecedera de Simón Bolívar, desde la cuna hasta el ocaso.

Corta y efímera fué empero la duración de la obra inconsistente del Libertador: unido

por solo el querer de un hombre, pueblos destinados por la naturaleza, las costumbres, los
lazos del cariño, el grado de cultura y mil otras
causas más, á formar diversas nacionalidades,
disgregáronse al fin de ese todo heterogéneo,
las provincias de la antigua presidencia de Quito que formaban departamentos colombianos
el año de 1830, fecha en que comienza la vida
política del Ecuador.

Falta y muy grande fué la cometida por los
hombres públicos de la nueva República, al no
determinar por entonces y de una manera definitiva los límites de ésta, que al hacerlo le habrían evitado muchas futuras desavenencias
con los vecinos.

Y falta imperdonable la de nuestro Gran
Mariscal Castilla, quien al invadir el Ecuador
en 1859, y por causas justas que no es del caso
explicar, no debió haber vuelto á su patria sin
dejar perfectamente concluida por un convenio
internacional la enojosa cuestión de fronteras,
que hoy preocupa los ánimos en ambos países,
entibiando el mutuo afecto y la franca cordia-
lidad que siempre debería reinar entre dos pueblos hermanos y limítrofes, que debilitados y
empobrecidos por sangrientas y continuas luchas civiles, necesitan de tranquilidad permanente para reanimar sus industrias expirantes
al nacer; extinguir los abusos que consumen su
hacienda pública y matan sus finanzas, desa-
creditándolos en el extranjero; extirpar esos
cánceres sociales—bochornosos y terribles—
que se llaman revolución y gobierno militar;
convertir sus leyes, que hoy son poco menos

que letra muerta en realidades de hecho garan-
tizando su cumplimiento y reprimiendo efecti-
va y severamente sus infracciones; protejer el
desarrollo del trabajo que trae consigo el orden
la moralidad privada y la abundancia, y apresú-
rase, en fin, á labrar la grandeza y poderío que
les prometen una administración iuterna honrada y sensata y una paz no interrumpida por
las guerras exteriores ni las contiendas intesti-
nas, fuentes, estas últimas, de casi todos sus
males.

Mas nunca es tarde para enmendar yerros
pasados y abrigamos la esperanza de que igualmente convencidos el Ecuador y el Perú de
los beneficios que les augura la paz y de los in-
fortunios sin cuento que les produciría una
guerra, solucionarán sus diferencias en el terreno pacífico de la diplomacia que les ofrece, más
que otro cualquiera, resultados justos y dura-
deros.

 Proceder de otro modo sería dar al mundo
una prueba de insensatez notoria: el que de éstos países venciese al otro en una lucha lo ani-
quilaría, quedando después en el mismo triste
estado de postración que el vencido.

III.

En verdad, deploramos que la índole de este trabajo nos obligue á ser tan concisos, por
que es abundante el número de reflexiones im-
portantes que de él fluyen.

Quizá más tarde y en una obra más lata, tengamos ocasión de consignar aquellas que no caben en los estrechos límites de éstas «REMINISCENCIAS»; que hemos escrito en pobre estilo sin más fin que el indicado en su introducción: hacer luz sobre ciértos hechos que desfigurados por los torcidos intentos de algunos periodistas de la vecina República del Norte, falseaban cínicamente la verdad histórica.

Si hemos desempeñado nuestro cometido, lo dirán el juicio de quienes nos lean y el silencio de aquellos á quienes refutamos, sacando cuanto va dicho de las obras de los más eminentes historiadores de Colombia y en particular de la magnifica Historia del Ecuador escrita por D. Pedro Fermín Cevallos.

Es de sentirse solamente que existiendo en el Perú periodistas esclarecidos, á quienes el patriotismo y los deberes de su ilustre sacerdocio, llamaban á desvanecer las calumnias é imposturas que en meses pasados registraba la prensa ecuatoriana, no hayan cumplido su sagrada misión, dando derecho con su silencio vergonzoso á que los califiquen hoy de ignorantes, quienes ayer tildaron de desleal é ingrato al país, que todavía esclavo, tuvo la generosidad de auxiliarlos con una fuerte y aguerrida división en la causa de su libertad.

La vituperable desentendencia de los periodistas de Lima que, abstraídos de cuanto los rodea, hánse ocupado y ocúpanse solo en acrecentar nuestro infortunio, deificando al caudillo de sus simpatías, cuando debieran defender á la patria contra injustos é inmerecidos cargos que la denigran en el extranjero, fué el móvil principal que nos decidió á emprender este trabajo, en el cual son muchos los que debieron antelarnos con más acopio de luces, más recto criterio y mejor éxito.

. Por lo que respecta á los escritores del Guayas, queda ampliamente demostrado con la historia documentada, que carecieron en lo absoluto de razón y faltaron á la verdad cuando con la pluma empapada en la hiel amarga del rencor que todo lo ennegrece, escribieron esos artículos que á menudo leímos indignados en los diarios de Quito, Guayaquil, Babahoyo y otras ciudades ecuatorianas.

No puede admitirse que atrevida la ignorancia dictara esos escritos: un periodista no es tal sin estudiar á fondo la historia de la humanidad y, muy especialmente la de su país natal, que tiene obligación de poseer tanto ó más que las tradiciones de su propio hogar.

De otro modo solo se expone á desbarrar tristemente y jamás podrá hacer apreciaciones fundadas de la política de su patria que es el campo de principal acción para el periodista.

Mas si como no lo creemos, fué solo la escasez de conocimientos históricos la causa de las inexactitudes en que incurrieron algunos escritores de la patria de García Moreno, reciban la lección que encierran estas REMINISCENCIAS, la cual no deja de ser provechosa por no haber sido inmediata.

En cuanto al autor de ellas, solo desea que cesen y terminen pacíficamente, mediante un justo y equitativo arreglo, las desavenencias que por territorios—quizá inútiles al presente para ambos países—separan al Ecuador y al Perú: que se reanude la concordia pasajeramente interrumpida entre ellos, y que su paz interna y externa sea un hecho, para que á la sombra de sus inapreciables beneficios, princicipien ambos pueblos á trabajar por su regeneracion y felicidad, abjurando para siempre de los errores y faltas funestas que tan amarga como infeliz é infructuosa han hecho su vida independiente.

Fin.

APÉNDICE

REMINISCENCIAS HISTÓRICAS

POR

BENJAMIN LAMA

(DE "EL COMERCIO")

Triste es, ciertamente, la impresión que produce en el ánimo el recordar la gloriosa historia de la independencia de las antiguas colonias españolas de América, comparándola con la condición actual, en la que se hallan entre sí colocadas las naciones que de ellas se formaron. En aquellos tiempos hombres nacidos en diverso suelo se sentían, sin embargo, movidos por comunes impulsos, se querían, se respetaban, se socorrían; gobernaban los caudillos de unos pueblos en los países de los otros; peleaban todos unidos por la idea sublime, el sentimiento generoso, el esfuerzo heroico, la fatiga angustiosa, los desastres inevitables, las victorias extraordinarias, el triunfo y la gloria final: la independencia de América.

Hoy se vé á los países sud-americanos engañándose, armándose, queriendo explotar los fuertes á los débiles, aprovechar los astutos y poderosos de las flaquezas, del candor ó de las desgracias de los confiados y de los inocentes; se crean odios irreconciliables, barreras de sangre, ofensás indelebles.

Y, en este camino, parece que hubiera llegado la hora de formar los inventarios y los balances de lo recibido y de lo devuelto en pasados tiempos de gloria y confraternidad.

Cierto es, igualmente, que esta desconsoladora evolución ha obedecido á causas sociológicas, tanto más naturales y explicables, cuanto que la experiencia universal enseña que los principios de moral colectiva y la conducta práctica de los países ya organizados en sus relaciones internacionales, se hallan en grado muy inferior á las reglas que se establecen como obligatorias en el orden privado de las agrupaciones civiles; y que el carácter de la política actual de los países cultos es ser un sistema de concentración de fuerzas, gobernadas por cálculos y pasiones profundamente egoístas.

De todos modos, en vista de la situación que se ha creado en el Continente Americano, el Perú, que ha sido generoso, agradecido y leal, que no ha lanzado la manzana de la discordia y que no ha hecho beneficios con cargos de restitución, tiene el derecho de exigir de sus hijos, hoy más que nunca, que atiendan á la defensa de su patria, no sólo material sino también moralmente, restableciendo la verdad histórica, cuando á la sombra de ella, se pretenda denigrar, ofender y menoscabar la honra y los intereses nacionales.

Tal fué el sentimiento patriótico, el noble estímulo que dió origen, en meses pasados, á la publicación hecha en diarios de nuestra capital de los artículos que bajo el nombre de REMINISCENCIAS HISTÓRICAS ha coleccionado hoy su autor, el señor D. Benjamín Lama.

Fué su obra un trabajo de circunstancias que

ha adquirido valor propio y permanente: es esta la mejor recomendación que se puede hacer de la obra y de su autor.

Si en situación verdaderamente violenta en nuestras relaciones internacionales con la República vecina del Ecuador, hubiera faltado al señor Lama la serenidad del historiador, y, apasionado se hubiera propuesto enconar, mediante su pluma vigorosa, las pasiones excitadas, su trabajo se hubiera perdido después de pasada la alarma, como se pierde el eco de campana que toca á rebato en noche de incendio; pero sí, elevándose, escribió el señor Lama honradamente, con talento y criterio práctico, con erudición científica, sin gritos y sin insultos, rectificando errores en nombre de la justicia y de la verdad, la obra sobrevivió á la situación que la produjo, y es hoy un documento histórico.

Algunos diarios del Ecuador creyeron conveniente, con motivo de la desaprobación en nuestro Congreso del tratado García-Herrera, atacar la dignidad del Perú. Nos devolvieron, proyectados, los errores y miserias que como toda agrupación humana hemos cometido en nuestra historia, nos calumniaron asimismo y nos trataron, en fin, como ingratos por cuanto decían que nosotros en nada los habíamos servido, mientras que á ellos les debíamos en gran parte, nuestra emancipación política; todo esto en vez de estudiar si habíamos abrigado el propósito de ofenderlos, si el Perú había obrado lícita y, legalmente al desaprobar un tratado internacional, si convenían al Ecuador y al Perú las estipulaciones de ese tratado, si interesaba acudir al arbitraje pactado como uno de los extremos de la negociación, si, por último, había medios decorosos nobles, honrados para arreglar diferencias entre naciones que se estiman y proceden rectamente.

El señor Lama no recogió ni mucho menos devolvió, como he indicado, las ofensas: se limitó á demostrar, dignamente á los que nos atacaban, que el Perú había también contribuido á la independencia del Ecuador.

Para realizar este propósito en las REMINISCENCIAS HISTORICAS, juzgó necesario el escritor peruano remontar sus investigaciones á la época en que el cautiverio de Fernando VII permitió á los patriotas de América ensayar sus esfuerzos por la libertad. Entonces, invocándose astutamente el nombre del Rey humillado y cautivo, se organizó en el Ecuador la revolución que, iniciada en la casa de una mujer patriota, tomó cuerpo, sorprendió y triunfó del Presidente Conde Ruiz de Castilla; constituyó la "Junta Soberana de San Francisco de Quito", para sucumbir, á poco, tristemente, como lo manifiesta el señor Lama, víctima de la imprevisión y desacierto de los jefes y de la venganza sangrienta y pérfida del antiguo Presidente. En esa memorable tentativa, terminada en el martirio, aparece figurando en primera línea, el peruano D. Manuel Quiroga, Ministro de la Junta Patriótica, quien, como observa, el historiador ecuatoriano Cevallos, hubiera sido á falta del impetuoso y ambicioso Morales (colombiano), la personalidad más notable de la revolución; y tal vez así hubiera tenido ésta muy diversa suerte, porque Quiroga unía á su valor, el juicio, y la discreción que faltaban á Morales.

Perdida en el Ecuador por algun tiempo la causa de la revolución, se debió á los cuzqueños Alvarez y Farfán, oficiales del Batallón "Granaderos" parte principal en el éxito del movimiento que estalló el 9 de Octubre de 1820.

Nuevamente hubieran fracasado los esfuerzos de los ecuatorianos, sin el auxilio del héroe más noble y simpáctico de la epopeya de la independencia, del ilustre Sucre, á quien la suerte reservaba el fatal destino de ser infamemente asesina-

do en el país por el que había combatido gloriosa-
mente, y que, en definitiva, le era deudor de su
independencia.

Pero el mismo Sucre no habría dado término
feliz á su campaña del Ecuador, si, como él lo re-
conocía, no hubiera sido ayudado por la división
que, á su reiterada solicitud, se envió del Perú, á
mando del Coronel Santa Cruz.

Todos estos hechos se hayan comprobados
por el señor Lama, con documentos auténticos y
con autoridades extranjeras, especialmente la del
historiador ecuatoriano D. Pedro Fermín Cevallos.

Concluye su trabajo el autor entrando en apreciaciones sobre la censurable política desplegada
en el Ecuador por Bolívar, la que terminó con la
anexión forzada de Guayaquil á Colombia,—hecho histórico del que interesa á los peruanos tener el más cabal conocimiento.

Si persevera el señor Benjamín Lama, en pro-
ducir trabajos de la naturaleza y del mérito de
las "Reminicencias históricas", no sólo ocupará
un lugar distinguido entre nuestros escritores,
sino que prestará servicios de verdadera utilidad
para su patria.

JAVIER PRADO Y UGARTECHE.

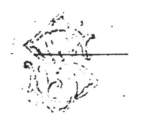

(DE "EL DIARIO.")

La historia y geografía patrias son tema muerto para la juventud del país. ¡Qué utilidad puede ofrecer el estudio de su origen, ni el enlace filosófico de sus acontecimientos? ¿De qué sirve conocer su territorio en toda su vasta extensión y en cada uno de sus variadísimos accidentes? Grecia, Roma, Francia, Inglaterra: ellas sí que merecen ser conocidas y examinadas, ellas son fuentes supremas de cultura y civilización, gigantes de poderío y de grandeza! Pero el Perú! Psch! Futileza!

Y allí van los cerebros cansados, tras una labor eterna, pesada é infructuosa que absorbe toda su juventud, repletos de maravillosas leyendas ó acaecimientos prodigiosos: prodigiosos, sí; pero de pueblos extraños y sin utilidad alguna inmediata para esta patria digna de mejor suerte. — Huamalíes, Bongorá, Lucanas.... ¿*Dónde es eso?* —pregunta con mirada vaga y estúpida, algún petimetre almibarado, erudito á la violeta, sin que sienta arder en su sangre un adarme de regeneradora vergüenza!

—Cahuide, Olaya......¿*Quiénes son esos?* repite imperturbable y satisfecho.

Y este *antipatriotismo geográfico-histórico* ha cundido y cunde hasta en la enseñanza. Decidme, dónde se cursa la historia de América: os daría un premio por descubrirlo. Los colegios no pueden ocuparse *en eso.*

Personas encuentro yo que sitúan á Buín y Yungay entre los linderos de Chile, y que creen nuestra última guerra con esta Nación el único agasajo á nosotros hecho por los vecinos del Sur. Con su pan se lo coman.

Preciso es que este mal desaparezca, ora haciendo que la juventud estudiosa vuelva su vista y dedique su atención á lo que más le interesa, cual es; la vida de su patria, su estudio cabal y su engrandecimiento; ora estimulando con algún aplauso á quienes, exentos de ignorancia, de preocupaciones y pereza, consangran algún tiempo á la meritoria labor de escudriñar la historia del país para servirle con ventaja, guiarlo con tino y, siempre que fuere necesario, defenderlo.

A este último grupo pertenece LUCIANO. Sus *"Reminiscencias Históricas,"* publicadas sucesivamente en algunos diarios, tienen un doble mérito: el del patriotismo primero y el de la erudición después. Escritas para rectificar maliciosos errores propalados contra el Perú por sus enemigos declarados ó encubiertos, arrojan la más viva luz sobre el pasado y dejan leal y religiosamente explicadas nuestra conducta y relaciones con algunos pueblos. Revelan así mismo contracción laudable, ilustración hábil y provechosa; tino en la narración, juicio imparcial y severo, profundo amor á la patria, dotes literarias que prometen mucho y entereza de carácter suficiente para amar la verdad y decirla sin rodeos.

Desearíamos ver el referido trabajo reducido á una forma mas digna y apropiada á su valor literario, y que lo libre de la efímera existencia que arrastran las publicaciones diarias, que tan pronto nacen como tan pronto mueren.

Haga el joven é inteligente escritor algún esfuerzo por realizar nuestra aspiración, persevere en la hermosa senda que ha escogido como campo de sus especulaciones y reciba el sincero aplauso que le enviamos en nombre de cuantos admiran y acatan la verdad y el bien.

G. LEGUÍA Y MARTÍNEZ.

I.

La prensa diaria de la capital, la de provincias y el juicio público, han prestado su aprobación justiciera á las *"Reminiscencias históricas del Ecuador"* escritas por Benjamín Lama y que es lástima no se reunan en un folleto.

Nosotros hoy al encomiar ese sobresaliente trabajo, no hacemos, pues, sino repetir el homenaje por todos expresado á su digno autor.

Empero la tarea por él emprendida y llevada á tan satisfactorio término, nos sugiere las breves consideraciones que apuntamos en seguida.

Es el periodismo palenque simpático y vasto que se abre á todas las lucubraciones del humano ingenio; mas no todos, entre aquellos que componen la juventud de nuestro país y que pugnan por alcanzar el público aplauso y con él el premio de sus afanes, saben escoger temas que además de distraer al lector, le dejen, como recompensa de la lectura, alguna utilidad intelectual, alguna enseñanza práctica y provechosa.

Nuestros periódicos registran á cada paso artículos de todo género, que cuando no son copia descolorida de mejores modelos, no pasan de ser débiles brochazos que no dan la idea cabal de un cuadro.

Laudable es con todo, el propósito que á tales escritores anima de aumentar el reducido archivo de nuestra patria literatura; pero debía ser con algo más sustancial, no con producciones que apenas nacidas desaparecen de la vida del arte, porque traen en su propia inconsistencia el germen de una muerte pronta y segura.

Mas, Benjamín Lama ha salvado hábilmente este escollo en las *Reminiscencias* que juzgamos: no solo ha pretendido deleitar, sino descubrir verdades que para muchos no lo eran, y, á fe, lo ha conseguido de la mas cumplida manera.

El tema histórico, con audacia acometido, se ha desenvuelto bajo su fácil pluma con severa galanura de lenguaje muy en armonía con las exigencias de un pensamiento grave y trascedental.

Hay que aplaudir en el mencionado trabajo, aparte de su mérito intrínseco, lo que vale más que éste: la noble intención, el alto móvil que lo ha inspirado.

Envuelto el Perú en un conflicto que hacía temer una ruptura bélica con la vecina República del Ecuador, la prensa de este país lanzó contra nosotros, con ira que ningún antecedente explica, vocablos durísimos, encaminados á despertar la indignación que nos llevase á los campos de batalla.

Los provocadores de entonces, que á su patria exponían á los azares y calamidades de una guerra, cuando antes debieran defender en la arena tranquila de la diplomacia los derechos que de ésta juzgaban lesionados, eran nuestros protegidos de fecha no muy lejana.

Improperios gratuitos, amenazas sombrías, clamores de sangre no les bastaban y fuéles preciso buscar en el pasado histórico, la razón explicativa de su ceguedad y rencor. Se volvió entonces la mirada hacia la época de la independencia continental, y nuestros vecinos quisieron ver en los hechos de esos días, lo que en ellos no era visible.

Insultados sin causa y falseada la verdad histórica con torcido propósito, se hacía menester responder á los inmerecidos agravios, y respondió el pueblo.

Era necesario devolver su integridad menoscabada á los Anales americanos, y lo hizo imparcialmente el joven periodista, cuyos artículos al particular, repetido sea de paso, deseamos ver pronto coleccionados en la forma imperecedera que su importancia reclama.

A ninguno más noble objeto pudo dedicar sus vigilias el juicioso historiador, que al de presentar las glorias de su patria tales como son, no permitiendo que una intención dañada las merme y las empañe.

Hé allí, pues, la idea patriótica impulsando un pensamiento hacia la verdad y guiando una mano sobre el papel que pone esa verdad de manifiesto.

II.

En el curso de los artículos ya conocidos, cuenta el autor la historia de los hechos de armas que se realizaron en el Ecuador, desde que la idea de la independencia apareció en los cerebros patriotas, hasta la anexión de Guayaquil á la República de Colombia, apoyando su relación en documentos de incontrovertible veracidad.

Relatar es sencillo: pero hacerlo con examen profundo de la materia, desentrañando de los hechos la filosofía que esconden; analizar, enlazar lo analizado y ofrecer en síntesis un resumen que satisfaga la curiosidad científica é impresione la inteligencia del lector con algo nuevo, interesante, y variado, tarea es que solo se armoniza con la actividad de un cerebro muy bien organizado y nutrido de conocimientos.

Amontonar hechos, darles trabazón mas ó menos lógica, citar autores, bibliotecas y documentos, componer una sinfonía histórica, eso está al alcance de cualquier polilla de infolios; compilar, ordenar y citar en la manera y forma en que se hace en las *"Reminiscencias Históricas"*, es dar á una noble inteligencia el giro que ella reclama de la aptitud que la mueve.

Tema tan enmarañado y escabroso como el histórico, requiere excepcionales condiciones de carácter y de inteligencia en el individuo que lo trata. La perseverancia debe unirse á la reflexión en continuada corriente, á fin de que el juicio histórico no desmaye, quede sin explicación lo que exige esclarecimiento, y la personalidad del autor no aparezca de un lado completa, mientras que en otro se note su total ausencia.

Benjamín Lama ha sabido vencer todos los obstáculos y sobresalir en edad relativamente temprana, al tratar con tino y maestría, cuestiones al parecer destinadas solo á manos envejecidas en los archivos.

Ha cumplido, por ahora, la misión que se impuso y que bien claro resulta del tenor de sus artículos, para que nosotros la recordemos en este lugar, quedándonos tan solo agregar para concluir, que el aventajado escritor de carácter noble y generoso, de clarísima inteligencia y dotado de un caudal muy vasto de conocimientos, es una revelación de lo que puede ser nuestra juventud, y una esperanza, fundada al par que halagadora, entre los futuros narradores de nuestra glorias patrias.

Victor G. Mantilla.

Fresco, muy fresco, está aún en la memoria de todos, el recuerdo de esos epítetos injuriosos, de esas frases hirientes y de esos insultos inolvidables que nos prodigara la prensa ecuatoriana, cuando con motivo de la desaprobación del tratado García-Herrera, ardía en deseos de envolver á su patria y á la nuestra en un conflicto internacional que habría originado, sino la ruina completa de ambos países, la desgracia y el retroceso de vencedores y vencidos.

Exaltados en esa oportunidad los ánimos en la vecina República y destilando odio la pluma de muchos de sus diaristas, tildábannos éstos de ingratos, enrostrándonos, como baldón de negra deslealtad ó inconsecuencia, que sangre ecuatoriana regó los campos de Ayacucho. No querían recordar en su ceguedad por el rencor producida, que legiones peruanas, junto con la victoria de Pichincha, dieron á los hijos de García Moreno patria y libertad.

Pasó algún tiempo, y como tenía que suceder, acontecimientos posteriores vinieron á calmar en parte esa tempestad de ira: más, no era posible que los cargos injustos que en el desenfreno de ella se nos hicieran, quedaran sin una respuesta, que, siendo la fiel y desapasionada expresión de la verdad histórica, confundiera á quienes la falsearon con reprobado intento.

De darla se encargó un joven periodista limeño en la série de notables artículos, que, bajo el mismo lema de estas líneas, vieron la luz pública en algunos diarios de la capital.

No entra por cierto en nuestro propósito hacer un estudio crítico de las *Reminiscencias Históricas* de Benjamín Lama que ya han sido juzgadas y en justicia aplaudidas por la prensa de Lima.

Queremos solo manifestar que si esa amena publicación careciese del indiscutible mérito intrínseco que encierra, siempre tendríamos una palabra de aplauso para su modesto é inteligente autor: porque inspiradas por el patriotismo las citadas *"Reminiscencias"*, tienen para nosotros, aparte de la sensatez en el raciocinio, de la verdad y enlace en la narración de los sucesos, de la oportunidad y tino en las citas, del método que se observa en el desarrollo sintético de cuanto tiene importancia al respecto y de la energía y galanura del lenguaje en que están escritas "ese " brillo simpático y atrayente que se difunde de " cuanto nace al calor de móviles nobles y generosos."

Este importante y necesario estudio en cuyo exordio comienza por decir el inspirado escritor que lo firma: *"en verdad es bien difícil reasumir en " unas cuantas columnas de un diario todo un perío- " do de la vida de un pueblo que no es el propio"*; pone de manifiesto con candorosa ingenuidad, las fatigas y desvelos que vá á ocasionar tan ardua tarea y la impresión profunda que en el alma de quien la emprende, labran los vejámenes que con falsía infiriéronse á una patria que adora y reverencia.

No trabaja, pues, ganoso de nombradía y fama; tampoco lo hace para deleitar ó instruir como fin principal: cumple solo la sagrada obligación que nos ordena defender las glorias patrias, contra todo aquel que pretenda opacarlas ó deprimirlas.

· Es algo que en verdad consuela en medio de las calamidades de todo linaje que nos afligen; es algo que levanta el corazón regocijándolo con la bella esperanza de que vendrán para el Perú días mejores y horas de ventura, ver que entre la generación que se levanta haya quienes con talento cultivado, energía de espíritu, sentimientos rectos y puras convicciones, se dediquen á labores que, serias y espinosas como la que nos ocupa, sirven de honra y provecho al país.

Pronto, muy pronto, deseamos ver coleccionados los artículos de *Luciano*, para que circulen y se lean en forma adecuada á su reconocido mérito.

Repetimos nuestra felicitación entusiasta y sincera al novel y feliz historiador; pero lo hacemos compromotiéndolo á que no sean las "*Reminiscencias*" su último trabajo histórico, sino que al contrario siga cultivando el género difícil de estudios en que con tanta ventaja ha sobresalido en su primer ensayo, dejándonos vislumbrar la inmensa altura á que podría elevarse después. Quizá con el tiempo mediante una labor perseverante y profunda, la protección oficial que para él solicitamos ardorosamente y las dotes poco comunes que le acompañan, logre un día, como preciosa recompensa de sus afanes, inmortalizar su nombre inscribiéndolo en la primera página de una historia patria, metódica y completa, que buena falta nos hace.

————————

(DE " LA OPINION NACIONAL. ")

La ya docta pluma del joven Benjamín Lama (Luciano) que ha honrado nuestras columnas con notables artículos, ha terminado un brillante estudio, con el título de "Reminiscencias históricas," y conseguido restablecer la verdad de los hechos, en un episodio de la historia perú–ecuatoriana, que algunos escritores de la vecina República del Norte, han falseado en los últimos debates de la cuestión internacional.

Trabajo de aliento, de erudición, de recto crite- rio, denota en su autor una inteligencia cultivada y una aptitud especial para esa clase de produc- ciones, que convendría utilizar, encargándole te- mas que, como el que tan maestramente ha tra- tado, proyectaran luz sobre algunos puntos toda- vía oscuros de los anales patrios.

Esta labor no pertenece al diarista, cuyo tiem- po absorben otras ocupaciones de premiosa exi- gencia, pero sí aprovecha de las fuentes que le preparan los que con más consagración y educa- da competencia, pueden dedicarse al análisis, compilación y examen de las pasadas épocas, re- tratadas en todos los elementos que sirven de ba- se á la historia.

Sin recoger la alusión que á los periodistas dirige el señor Lama, y hasta felicitándonos de haberle dejado íntegro el honor de la patriótica tarea que ha emprendido, lo recomendamos al Gobierno, por que hay en él quien puede ilustrar las Letras nacionales, en el ramo más importante para el progreso social de los pueblos.

(DE "LA TRIBUNA.")

Reminiscencias Históricas.

En pocos días más verán la luz pública y cir- cularán en folletos, los artículos que con el mismo título del presente, hemos publicado en nuestro diario, no hace todavía un mes.

Esto nos proporciona la ocasión, aun cuando sea contrariando la natural modestia del estudioso é inteligente señor Bejamín Lama (Luciano), para manifestar, aunque sea á la lijera, el juicio que tales artículos nos merecen.

Desde luego, debemos declarar con la franqueza que nos es habitual, que él es en un todo favorable al autor; porque á la verdad ha tenido el tino suficiente y el recto y buen criterio, de dejar la verdad histórica en el lugar que le corresponde deslindando perfectamente y con una imparcialidad y exactitud que le honran, los derechos que nos corresponden en lo que se relaciona con el Ecuador.

Con gran acopio de razones, en lenguaje sencillo al par que claro y elegante, trata de esos asuntos con la altura propia del verdadero historiador, revelando desde luego que posee dotes especiales para esta clase de estudios, para los que se necesita, aparte de una vasta ilustración, preparación especial y verdadero amor por la ciencia histórica.

Todas estas cualidades se revelan en el autor de "Las Reminiscencias Históricas", en quien nos complace ver uno de los pocos jóvenes que dedican las pocas horas que les deja la diaria labor, á estudios tan serios y concienzudos como los debidos á Luciano y que motivan estas líneas.

Consagrados al periodismo, y por lo mismo al estudio del movimiento social en todas sus manifestaciones, no podemos dejar de dedicar, en cumplimiento de este deber, una palabra de aliento al joven historiador para que siga adelante en la senda que se ha trazado, que si bien es escabrosa y ocasionada á proporcionar más de una decepción, es también cierto que al fin de la jornada se encuentra el premio, cuando se busca con perseverancia y fe.

(DE "LA INTEGRIDAD."

En el fragor de los debates que últimamente casi nos ponen al borde de la guerra con nuestra vecina República del Norte, la prensa de esta Nación, cuando se ocupó de hechos históricos que se relacionan con la época de la lucha de la independencia de la América española, los desfiguró con mengua de la participación que cupo al Perú en esos acontecimientos.

Aunque parcialmente han sido rectificados los conceptos de los escritores ecuatorianos, por nuestros periodistas, se ha cabido á Benjamín Lama — que en sus producciones literarias usa el seudónimo LUCIANO — la suerte de haberlos tomado en consideración en conjunto, refutándolos muy bellamente en un brillante trabajo titulado "Verdades históricas", que por capítulos han reproducido varios diarios de esta capital y que se publicará en folleto.

El papel Lama con exposición clara y amplia de documentos se esfuerza en defender las razones que asisten nuestra parte en el Perú en tiempo de la independencia americana, rebatiendo las opiniones que se pasan en teorías protestas contra nuestra patria, llena de bríos en su afán, resaltando con la puntualidad que reclama todo lo ilustración de aquella época respecto á los hechos ecuatorianos, y con la energía y á la voltaje de que se ocupa en esa en particular. No le iguala á su patria misma, pero los brazos de ayuda no han de los suyos su influencia con otro título buscando á nuestras los bravatas á otras cosas de los hechos evidencias para nuestra más patria misma en nuestra hermana país no alcanza y así.

La serie de artículos titulados *"Reminiscencias Históricas"*, que el señor Benjamín Lama (Luciano), ha dado á luz últimamente en uno de los diarios de la capital, va á ser coleccionada por el autor en un folleto.

Hacemos votos porque se lleve á efecto el propósito del inteligente y laborioso escritor, que ha sabido expresar, en estilo fácil y elegante, los conocimientos que posee en puntos de gran importancia para la Historia Nacional.

Refiriéndose el estudio de Benjamín Lama, á la historia del Ecuador, en sus puntos de contacto con la nuestra, y discutiéndose en el día cuestiones de interés palpitante entre ambas Repúblicas, el trabajo á que nos referimos, tiene el mayor interés y debe ser protegido y fomentado por todos los que aún se preocupan de los intereses peruanos.

La Municipalidad de Lima, ante quien se ha presentado el autor, en solicitud de apoyo material, debe, pues, en nuestro concepto, prestarle facilidades, que si bien son de poca entidad para el tesoro del Concejo, serían de resultados definitivos y provechosos, no para el desinteresado autor, sino para el país.

INDICE.

CAPÍTULO I

CAPÍTULO II